まえがき

　人口動態統計は、出生、死亡、婚姻、離婚及び死産の実態を表すものとして、国、地方自治体の行政の資料としての利用はもとより、「生命表」や「将来推計人口」作成の基礎数値ともなり、我が国の社会、経済の発展に欠くことのできない情報となっております。特に、近年の出生率の低下にみられる少子化、死亡状況の改善による人口の高齢化など、国の将来にかかわる大きな問題を提起しております。

　我が国の人口動態調査は、「戸籍法」制定の翌年の明治３２年から現在の近代的な人口動態統計制度として行われるようになりました。

　この「我が国の人口動態」は、平成２８年までの人口動態統計の主な内容、人口の動きや寿命について、グラフを中心に時系列観察、地域別観察、諸外国との比較を行っており、頁毎に簡単な解説と主な統計表を掲載するなど、人口動態の概要ができるだけ平易に分かるように構成しています。

　本書を刊行するに当たり、人口動態調査に種々ご尽力を賜りました市区町村、保健所、都道府県を始めとした関係の方々に、厚くお礼申し上げますとともに、今後とも、「我が国の人口動態」が厚生労働行政施策はじめ広範な分野に活用されることを願っております。

平成30年3月

厚生労働省政策統括官（統計・情報政策担当）

酒　光　一　章

目　次　Contents

人口動態統計とは　Outline of Vital Statistics ·· 4

比率の解説　Explanation of rates ·· 5

人口　Population
　　我が国の人口ピラミッド－平成28年10月１日現在－ ··· 6
　　年齢３区分別人口割合の年次推移－昭和22～平成28年－ ································· 6
　　都道府県別にみた年齢３区分別人口割合及び老年人口指数－平成28年－ ········· 7

人口動態の年次推移　Trends in major indices for the vital events
　　１日平均件数の年次推移·· 8

出生の動き　Natality
　　出生数及び合計特殊出生率の年次推移－明治32～平成28年－ ························· 9
　　母の年齢階級別出生率の年次推移－昭和22～平成28年－ ······························· 9
　　出生順位別にみた出生数及び合計特殊出生率（内訳）の年次推移－昭和45～平成28年－ ············ 10
　　出生順位別にみた父母の平均年齢の年次推移－昭和50～平成28年－ ··············· 10
　　都道府県別にみた合計特殊出生率の年次比較－平成18・28年－ ····················· 11
　　都道府県別にみた第１子出生時の母の平均年齢の年次比較－平成18・28年－ ····· 11
　　結婚生活に入ってから第１子出生までの期間別にみた出生数割合及び平均同居期間の年次推移
　　　　　　　　　　　　　　　　　－昭和55～平成28年－ ································· 12
　　結婚生活に入ってから第１子出生までの期間（１年未満）別にみた母の年齢階級別出生数－平成28年－ ······ 12
　　性別にみた出生時平均体重及び2,500ｇ未満出生数割合の年次推移－昭和50～平成28年－ ······· 13
　　妊娠期間別出生数割合の年次推移－昭和55～平成28年－ ······························· 13
　　合計特殊出生率の年次推移－諸外国との比較　1950～2016年 ························· 14
　　合計特殊出生率の主な国及び地域との比較 ··· 14

死亡の動き　General mortality
　　死亡数及び死亡率の年次推移－明治32～平成28年－ ····································· 15
　　性別にみた都道府県別死亡率及び65歳以上人口割合－平成28年－ ··················· 16
　　性・年齢階級別にみた主な死因の死亡数－平成28年－ ································· 17
　　主な死因別にみた死亡率の年次推移－昭和22～平成28年－ ····························· 18
　　主な死因別にみた性別年齢調整死亡率の年次推移－昭和22～平成28年－ ··········· 19
　　部位別にみたがんの死亡率の年次推移，男－昭和25～平成28年－ ··················· 20
　　部位別にみたがんの死亡率の年次推移，女－昭和25～平成28年－ ··················· 21
　　死亡率の年次推移－諸外国との比較　1947～2016年 ····································· 22
　　年齢調整死亡率の諸外国との比較 ··· 22
　　性別にみた主な死因別死亡率の諸外国との比較 ··· 23

乳児死亡の動き　Infant mortality
　　乳児死亡数及び乳児死亡率の年次推移－昭和25～平成28年－ ························· 24
　　死因別乳児死亡数割合－平成28年－ ··· 24
　　乳児死亡率の年次推移－諸外国との比較　1947～2016年 ······························· 25
　　生存期間別乳児死亡率の諸外国との比較 ··· 25

自然増減の動き　Natural change
　　自然増減数及び自然増減率の年次推移－明治32～平成28年－ ························· 26
　　都道府県別にみた自然増減数及び自然増減率－平成28年－ ····························· 27
　　性別にみた出生数及び死亡数の年次推移－明治32～平成28年－ ······················27

死産の動き　Foetal mortality
死産数及び死産率の年次推移－昭和25～平成28年－ ……………………………………………28
妊娠期間（4週区分）別にみた性別自然死産数－平成28年－ ……………………………………28

周産期死亡の動き　Perinatal mortality
周産期死亡数及び周産期死亡率の年次推移－昭和54～平成28年－ ……………………………29
周産期死亡率の諸外国との比較 ……………………………………………………………………29

婚姻の動き　Marriages
婚姻件数及び婚姻率の年次推移－昭和22～平成28年－ …………………………………………30
夫妻とも再婚又はどちらか一方が再婚の婚姻件数の年次推移－昭和27～平成28年－ ………30
夫・妻の年齢階級別にみた婚姻件数及び平均婚姻年齢の年次推移－昭和22～平成28年－ …31
結婚生活に入ったときの年齢階級別にみた初婚率・再婚率（人口千対）の年次比較－平成8・18・28年－ ……32
夫妻の一方が外国人の国籍別婚姻件数の年次推移－昭和40～平成28年－ ……………………32
夫妻の一方が外国人の国籍別割合－平成28年－ …………………………………………………32
婚姻率の年次推移－諸外国との比較　1947～2016年 …………………………………………33
＜参考＞出生に占める嫡出でない子の出生割合の国際比較 ……………………………………33

離婚の動き　Divorces
同居期間別にみた離婚件数の年次推移－昭和22～平成28年－ …………………………………34
＜再掲＞同居期間20年以上の離婚件数－昭和50～平成28年－ ………………………………34
親権を行う者別にみた離婚件数及び親が離婚をした未成年の子の数の年次推移
　　　　　　　　　　　　　　　－昭和25～平成28年－ …………………………………………35
夫・妻の年齢階級別にみた離婚件数構成割合の年次推移－昭和25～平成28年－ ……………35
離婚率の年次推移－諸外国との比較　1947～2016年 …………………………………………36

「婚姻に関する統計」から　Specified report (Marriages)
出生コーホート別にみた年齢別累積初婚率（人口千対）　－昭和43・48・53・58・63年生まれ－ ……………37
平成23年に離婚した者が5年以内に再婚した割合 ………………………………………………38

平均寿命　Life expectancy at birth
各国の平均寿命の年次推移　1965～2016年 ……………………………………………………39

統計表　Statistical tables
第1表　人口動態総覧，年次別（明治32年以降） …………………………………………………42
第2表　人口動態総覧，都道府県別（平成28年） …………………………………………………46
第3表　主な死因の死亡数・死亡率（人口10万対），都道府県別（平成28年） …………………48
第4表　主な死因の死亡数・死亡率（人口10万対），性・年齢階級別（平成28年） ……………50
第5表　性・年齢階級別にみた死因順位（平成28年） ……………………………………………52
第6表　都道府県別にみた死因順位（平成28年） …………………………………………………55
付　録　諸率の算出に用いた人口 …………………………………………………………………56

死因分類の変更とその影響 …………………………………………………………………………57
年齢調整死亡率について ……………………………………………………………………………57
基準人口－昭和60年モデル人口 …………………………………………………………………57

人口動態統計とは　Outline of Vital Statistics

　我が国では、出生・死亡・婚姻・離婚及び死産の5種類の「人口動態事象」について、人口動態統計を作成している。

　出生・死亡・婚姻及び離婚については「戸籍法」により、死産については、「死産の届出に関する規程」によって、それぞれ市区町村長に届け出られる。市区町村長は、これらの届書及び出生証明書・死亡診断書・死産証書等の関係書類に基づいて「人口動態調査票」を作成する。調査票は、地域保健活動の基礎資料として利用されるため、保健所長を経由して都道府県知事に提出され、さらに厚生労働大臣に提出される。厚生労働省では、これらの調査票を集計して人口動態統計を作成している。

　我が国の人口動態に関する調査は、明治5年に始まる戸籍表（内務省戸籍局）と明治7年に東京、京都、大阪について行われた死亡届の発展形態としての衛生統計諸表（内務省衛生局）との2つの系統によって行われていたが、明治19年の内務省報告例の制定により一本化され、年報の表式統計として明治31年まで実施された。明治31年に「戸籍法」が制定され、登録制度が法体系的にも整備されたのを機会に、同32年からは人口動態調査票は1件につき1枚の個別票が作成され、中央集計がされるという近代的な人口動態統計制度として行われるようになった。

　その後、昭和22年6月に「統計法」に基づき「指定統計第5号」として指定され、その事務の所管は同年9月1日に総理庁から厚生省に移管された。さらに、平成21年4月からは新統計法（平成19年法律第53号）に基づく基幹統計調査となった。

　人口動態統計作成過程の概要は次のとおりである。

調査の経路

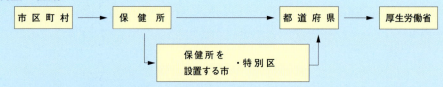

厚生労働省での集計と公表
● 月報処理（例、調査月1月分）

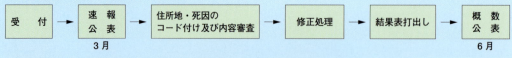

● 年報処理（1年分）※ 月報年計（概数）は翌年6月に公表

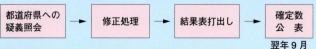

○ 結果の公表
 ● 月報
　人口動態統計速報　人口動態統計月報（概数）
 ● 年報
　人口動態統計月報年計（概数）
　人口動態統計上巻、中巻、下巻
　我が国の人口動態
 ● 特殊報告
　都道府県別年齢調整死亡率
　人口動態保健所・市区町村別統計
 ● 人口動態職業・産業別統計

ホームページに掲載
　厚生労働省　http://www.mhlw.go.jp/
　政府統計の総合窓口（e-Stat）　http://www.e-stat.go.jp/

比率の解説　Explanation of rates

○出生率・死亡率・婚姻率・離婚率 $= \dfrac{\text{年間の件数}}{\text{人口}} \times 1{,}000$

○死産率・自然死産率・人工死産率 $= \dfrac{\text{死産（自然・人工）数}}{\text{出産（出生＋死産）数}} \times 1{,}000$

　　死産とは妊娠満 12 週以後の死児の出産をいう。

○妊娠満 22 週以後の死産率 $= \dfrac{\text{妊娠満 22 週以後の死産数}}{\text{出産（出生＋妊娠満 22 週以後の死産）数}} \times 1{,}000$

○乳児死亡率・新生児死亡率・早期新生児死亡率 $= \dfrac{\text{乳児・新生児・早期新生児死亡数}}{\text{出生数}} \times 1{,}000$

　　乳児死亡とは生後 1 年未満の死亡、新生児死亡とは生後 4 週（28 日）未満の死亡、早期新生児死亡とは生後 1 週（7 日）未満の死亡をいう。

○周産期死亡率 $= \dfrac{\text{妊娠満 22 週以後の死産数＋早期新生児死亡数}}{\text{出産（出生＋妊娠満 22 週以後の死産）数}} \times 1{,}000$

○老年人口指数 $= \dfrac{\text{老年人口（65 歳以上）}}{\text{生産年齢人口（15〜64 歳）}} \times 100$

　　老年人口指数とは老年人口の生産年齢人口に対する比率である。

○自然増減率 $= \dfrac{\text{自然増減数（出生数－死亡数）}}{\text{人口}} \times 1{,}000$

○合計特殊出生率 $= \left[\dfrac{\text{母の年齢別出生数}}{\text{年齢別女性人口}} \right]$ 15 歳から 49 歳までの合計
（都道府県別は5歳階級で算出し、5倍したものを合計している。）

　　15 歳から 49 歳までの女性の年齢別出生率を合計したもので、1 人の女性が仮にその年次の年齢別出生率で一生の間に生むとしたときの子ども数に相当する。

○死因別死亡率 $= \dfrac{\text{死因別死亡数}}{\text{人口}} \times 100{,}000$

○年齢調整死亡率 $= \dfrac{\left\{ \left[\begin{array}{c}\text{観察集団の各年齢}\\\text{階級の死亡率}\end{array} \right] \times \left[\begin{array}{c}\text{基準となる人口集団の}\\\text{その年齢階級の人口}\end{array} \right] \right\} \begin{array}{c}\text{の各年齢}\\\text{階級の総和}\end{array}}{\text{基準となる人口集団の総和（昭和 60 年モデル人口）}}$

　　年齢構成が著しく異なる人口集団の間での死亡率や、特定の年齢層に偏在する死因別死亡率などを、その年齢構成の差を取り除いて比較する場合に用いる（57 頁参照）。なお、計算式中の「観察集団の各年齢階級の死亡率」は、1,000 倍（死因の場合は 100,000 倍）されたものである。

5

人　口　Population

平成28年の総人口は1億2693万人　老年人口は27.3%

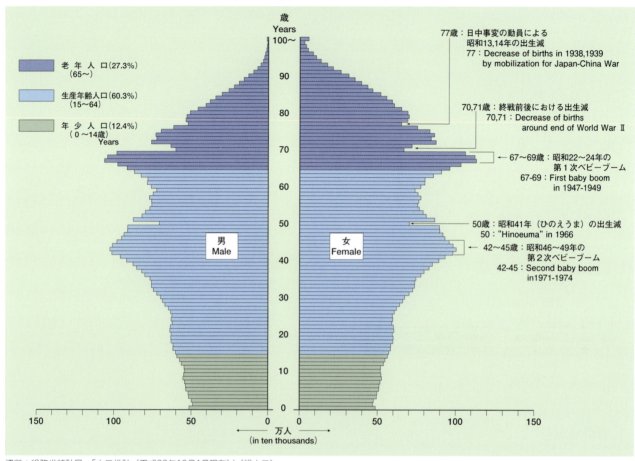

我が国の人口ピラミッドー平成28年10月1日現在ー
Population pyramid as of Oct.1, 2016

資料：総務省統計局　「人口推計（平成28年10月1日現在）」（総人口）

　総務省統計局の「人口推計（平成28年10月1日現在）」によれば、平成28年10月1日の我が国の総人口（日本に常住している外国人を含む。）は1億2693万人であった。

　人口の年齢構造をピラミッドに表すと、各年代の社会情勢の影響を受けた出生と死亡の変動が明らかに刻まれている。戦後の昭和22年から24年生まれの第1次ベビーブーム期と46年から49年生まれの第2次ベビーブーム期の2つのふくらみが特徴的であり、その後は出生数の減少でピラミッドのすそは年々狭まっている。

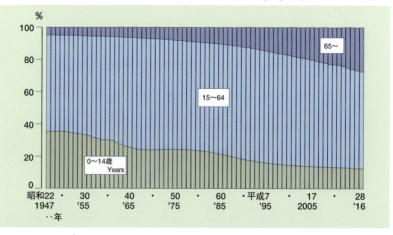

年齢3区分別人口割合の年次推移ー昭和22～平成28年ー
Trends in percent distribution of population by 3 age groups, 1947-2016

　総人口の年齢3区分別人口割合の年次推移をみると、第2次ベビーブーム期以降の出生数の減少傾向と死亡状況の改善による高年齢層の増加から、0～14歳の年少人口割合は減少し、65歳以上の老年人口割合は増加しており、平成9年以降は老年人口が年少人口を上回っている。平成28年は年少人口12.4%、老年人口27.3%となった。また、15～64歳の生産年齢人口割合は平成4年をピークに減少している。

老年人口割合は大都市を有する都道府県で低い

都道府県別にみた年齢3区分別人口割合及び老年人口指数－平成28年－

Percent distribution of population by 3 age groups and aged dependency ratio,by prefecture，2016

	千人 in thousands	年少人口 0～14歳 Years	生産年齢人口 15～64	老年人口 65～	老年人口指数 Aged dependency ratio
全 国 Total	126,933	12.4	60.3	27.3	45.2
北海道 Hokkaido	5,352	11.2	58.9	29.9	50.9
青 森 Aomori	1,293	11.2	57.8	31.0	53.7
岩 手 Iwate	1,268	11.6	57.2	31.1	54.4
宮 城 Miyagi	2,330	12.2	61.3	26.4	43.1
秋 田 Akita	1,010	10.3	55.0	34.7	63.1
山 形 Yamagata	1,113	11.9	56.5	31.5	55.8
福 島 Fukushima	1,901	11.9	58.7	29.5	50.2
茨 城 Ibaraki	2,905	12.4	60.0	27.6	46.0
栃 木 Tochigi	1,966	12.7	60.6	26.7	44.1
群 馬 Gunma	1,967	12.5	59.1	28.3	47.9
埼 玉 Saitama	7,289	12.4	62.1	25.5	41.0
千 葉 Chiba	6,236	12.2	61.2	26.5	43.4
東 京 Tokyo	13,624	11.3	65.8	22.9	34.8
神奈川 Kanagawa	9,145	12.4	63.2	24.4	38.6
新 潟 Niigata	2,286	11.8	57.5	30.6	53.2
富 山 Toyama	1,061	12.0	56.9	31.1	54.7
石 川 Ishikawa	1,151	12.8	58.8	28.4	48.2
福 井 Fukui	782	13.1	57.6	29.3	50.8
山 梨 Yamanashi	830	12.2	58.7	29.1	49.7
長 野 Nagano	2,088	12.7	56.6	30.7	54.2
岐 阜 Gifu	2,022	13.0	58.2	28.8	49.4
静 岡 Shizuoka	3,688	12.8	58.7	28.5	48.6
愛 知 Aichi	7,507	13.6	62.2	24.3	39.0
三 重 Mie	1,808	12.8	58.7	28.5	48.5
滋 賀 Shiga	1,413	14.3	60.9	24.8	40.7
京 都 Kyoto	2,605	12.0	59.9	28.1	47.0
大 阪 Osaka	8,833	12.3	60.9	26.8	44.0
兵 庫 Hyogo	5,520	12.7	59.5	27.8	46.7
奈 良 Nara	1,356	12.3	58.2	29.6	50.8
和歌山 Wakayama	954	12.0	56.4	31.6	56.1
鳥 取 Tottori	570	12.8	56.8	30.4	53.4
島 根 Shimane	690	12.4	54.5	33.1	60.7
岡 山 Okayama	1,915	12.9	57.8	29.3	50.6
広 島 Hiroshima	2,837	13.1	58.7	28.2	48.0
山 口 Yamaguchi	1,394	12.0	55.2	32.8	59.5
徳 島 Tokushima	750	11.5	56.7	31.8	56.0
香 川 Kagawa	972	12.5	56.9	30.6	53.8
愛 媛 Ehime	1,375	12.2	56.4	31.4	55.6
高 知 Kochi	721	11.4	55.0	33.6	61.1
福 岡 Fukuoka	5,104	13.3	60.2	26.6	44.2
佐 賀 Saga	828	13.8	57.7	28.5	49.4
長 崎 Nagasaki	1,367	12.8	56.7	30.5	53.8
熊 本 Kumamoto	1,774	13.5	57.1	29.5	51.7
大 分 Oita	1,160	12.5	56.3	31.2	55.5
宮 崎 Miyazaki	1,096	13.5	56.2	30.3	54.0
鹿児島 Kagoshima	1,637	13.4	56.5	30.1	53.4
沖 縄 Okinawa	1,439	17.2	62.4	20.4	32.6

0 20 40 60 80 100%

資料：総務省統計局 「人口推計（平成28年10月1日現在）」（総人口）

　平成28年の年齢3区分別人口割合を都道府県別にみると、老年人口割合が最も低いのは沖縄県20.4%、次いで東京都22.9%、愛知県24.3%、神奈川県24.4%、滋賀県24.8%となっており、おおむね大都市を有する都道府県とその周辺で低くなった。一方、老年人口割合が最も高いのは秋田県34.7%、次いで高知県33.6%、島根県33.1%、山口県32.8%、徳島県31.8%となった。

　また、人口高齢化の指標の一つである老年人口指数をみても、老年人口割合とほぼ同様のことがいえる。

人口動態の年次推移 Trends in major indices for the vital events

平成 28 年（2016）

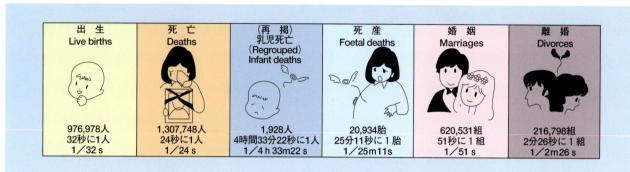

1日平均件数の年次推移
Trends in average number of cases per day

年次 Year		出生 Live births	死亡 Deaths	（再掲）乳児死亡 (Regrouped) Infant deaths	死産 Foetal deaths	婚姻 Marriages	離婚 Divorces
2016	平成28年	2,669	3,573	5	57	1,695	592
2015	27年	2,749	3,488	6	64	1,764	609
2014	26年	2,749	3,488	6	64	1,764	609
2010	22年	2,935	3,279	7	73	1,918	689
2005	17年	2,911	2,969	8	87	1,957	718
2000	12年	3,253	2,627	10	105	2,181	722
1995	7年	3,252	2,526	14	108	2,170	545
1990	2年	3,347	2,247	15	148	1,978	432
1985	昭和60年	3,922	2,061	22	189	2,016	457
1980	55年	4,308	1,975	32	212	2,117	387
1975	50年	5,209	1,924	52	279	2,580	326
1970	45年	5,299	1,953	70	370	2,820	263
1965	40年	4,996	1,919	92	443	2,616	211
1960	35年	4,388	1,931	135	490	2,366	190
1955	30年	4,742	1,900	188	502	1,959	206
1950	25年	6,404	2,479	385	594	1,959	229
1947	22年	7,339	3,118	563	339	2,559	218

出生の動き　Natality

出生数・合計特殊出生率はともに前年を下回る

出生数及び合計特殊出生率の年次推移－明治32～平成28年－
Trends in live births and total fertility rates, 1899-2016

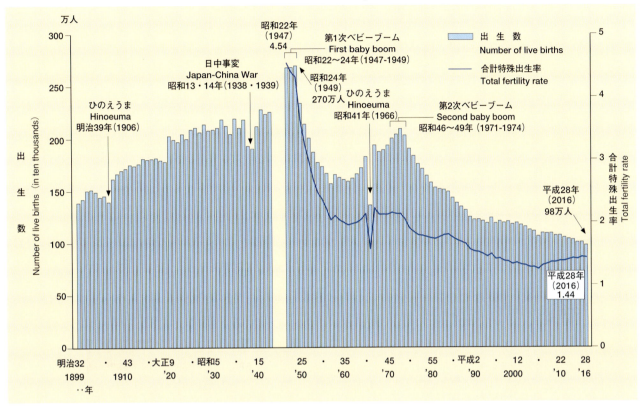

母の年齢階級別出生率の年次推移－昭和22～平成28年－
Trends in live birth rates by age of mother, 1947-2016

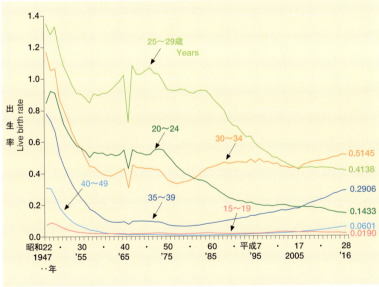

注：母の各歳別出生率を足し上げたもので、各階級の合計が合計特殊出生率である。

出生数の年次推移をみると、第2次世界大戦前は戦争のあったときを除いて増加していたが、戦後は、昭和22年から24年の第1次ベビーブーム期と46年から49年の第2次ベビーブーム期に200万人を超えたのを除いて、減少傾向にあった。平成元年以降は120万人前後で推移していたが、13年からは5年連続で減少した。18年からは増減を繰り返し、23年以降は再び減少していたが、27年は5年ぶりに増加した。28年は97万6978人で、前年より28699人減少した。

合計特殊出生率は1.44で前年の1.45を下回った。合計特殊出生率の年次推移をみると、第1次ベビーブーム期には4を超えていたが、昭和20年代後半に急激に低下し31年には2.22となり、初めて人口置き換え水準＊（同年2.24）を下回った。その後、46年までは「ひのえうま」前後の特殊な動きを除けば緩やかな上昇傾向にあり、第2次ベビーブーム期の47、48年には2.14となった。その後は低下に転じ、50年に2を下回ってからは、50年代後半を除いて低下傾向が続き、平成18年以降は緩やかな上昇傾向が続いていたが、28年は低下した。

　母の年齢階級別出生率の年次推移をみると、昭和50年代以降は20歳代の出生率が大きく低下し、近年は30～40歳代の出生率が上昇傾向となっている。

＊人口置き換え水準とは、人口が将来にわたって増えも減りもしないで、親の世代と同数で置き換わるための大きさを表す指標である。人口置き換え水準に見合う合計特殊出生率は、女性の死亡率等によって変動するので一概にはいえないが、日本における平成28年の値は2.07である。なお、人口置き換え水準は、国立社会保障・人口問題研究所で算出している。

出生数はいずれの出生順位で減少、合計特殊出生率は第2子及び第3子以上で上昇

出生順位別にみた出生数及び合計特殊出生率（内訳）の年次推移－昭和45～平成28年－
Trends in live births and total fertility rates by birth order,1970-2016

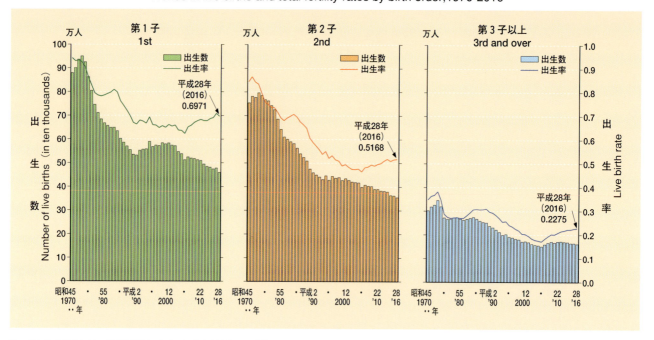

注：1）出生順位とは、同じ母親がこれまでに生んだ出生子の総数について数えた順序である。
　　2）出生順位別の出生率の数値は出生順位ごとに15歳から49歳の母の各歳別出生率を合計したものであり、第1子から第3子以上の出生率を合計したものが、合計特殊出生率である。

父母の平均年齢は上昇

出生順位別にみた父母の平均年齢の年次推移－昭和50～平成28年－
Trends in mean age of father and mother by live birth order 1975-2016

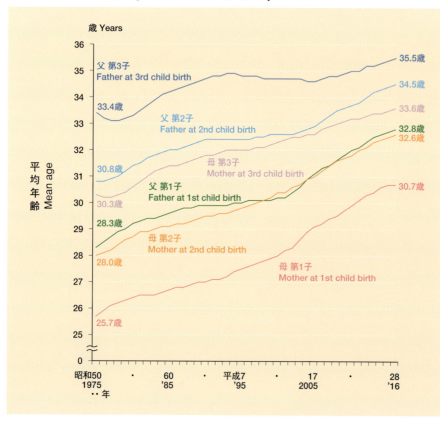

出生順位別に出生数の年次推移をみると、すべての出生順位で第2次ベビーブーム期（昭和46～49年）に多くなっており、その後は第1子の平成3～12年を除いて減少傾向となっていたが、18年にはすべての出生順位で増加した。19年以降は第1子、第2子は減少傾向にある。

出生順位別に合計特殊出生率（内訳）の年次推移をみると、第2次ベビーブーム期以降、昭和50年代後半を除いてすべての出生順位で低下傾向となっていたが、平成18年以降は上昇傾向となっている。23年以降は第1子は2年連続低下したが再び上昇し、第2子は上昇傾向となっており、第3子以上では上昇している。

出生順位別に母の平均年齢をみると、平成28年は第1子は30.7歳、第2子は32.6歳、第3子は33.6歳となっており、昭和50年に比べ、それぞれ5.0歳、4.6歳、3.3歳上昇した。

父の平均年齢は、平成に入ってから一旦横ばいとなったが、近年は再び上昇しており、28年は第1子は32.8歳、第2子は34.5歳、第3子は35.5歳となった。

10年前と比較すると、合計特殊出生率はすべての都道府県で上昇

都道府県別にみた合計特殊出生率の年次比較－平成18・28年－
Comparison of total fertility rates by prefecture, 2006・2016

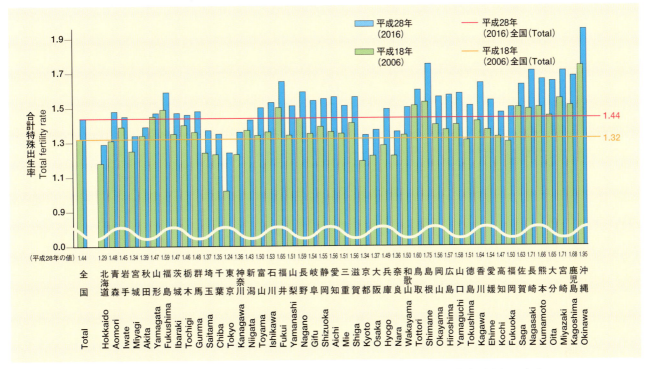

注：分母に用いた人口は、全国は各歳別日本人人口、都道府県の平成18年は5歳階級別総人口、平成28年は5歳階級別日本人人口である。

母の平均年齢は大都市を有する都道府県で高い

都道府県別にみた第1子出生時の母の平均年齢の年次比較－平成18・28年－
Comparison of mean age of mother at first child by prefecture, 2006・2016

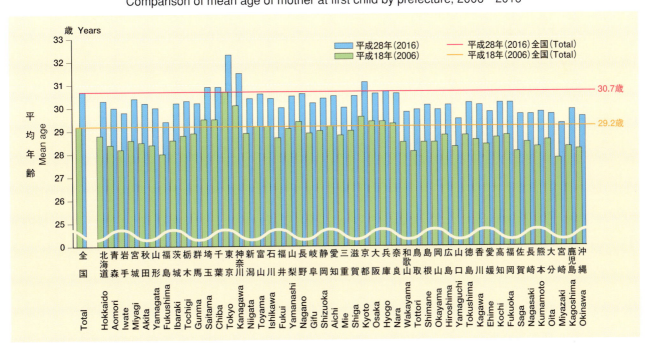

　平成28年の合計特殊出生率を都道府県別にみると、最も高いのは沖縄県1.95、次いで島根県1.75、宮崎県・長崎県1.71となった。一方、最も低いのは東京都1.24、次いで北海道1.29、宮城県・京都府1.34となっており、おおむね大都市を有する都道府県とその周辺で低い傾向がみられた。
　都道府県別に平成28年と18年の合計特殊出生率を比較すると、低下した都道府県はなく、最も上がり幅が大きかったのは東京都・島根県・香川県・長崎県で0.22、次いで兵庫県・沖縄県0.21となった。

　都道府県別に第1子出生時の母の平均年齢をみると、東京、神奈川、京都、千葉、埼玉などの大都市を有する都道府県とその周辺で高くなった。平成28年と18年を比較すると、すべての都道府県で1.1～1.8歳上昇した。

11

出生までの同居期間は長くなっている

結婚生活に入ってから第1子出生までの期間別にみた出生数割合及び平均同居期間の年次推移－昭和55～平成28年－
Trends in percent distribution of duration and mean duration of marriage at first child live birth, 1980-2016

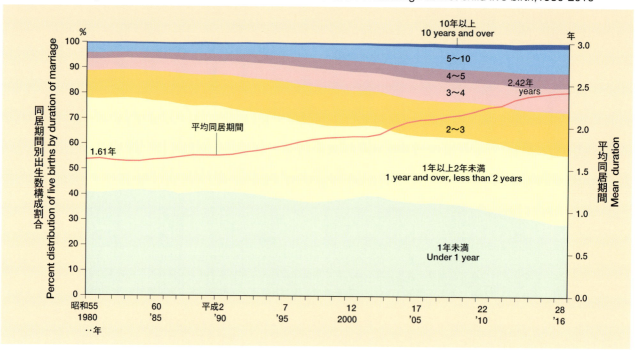

　父母が結婚生活に入ってから第1子出生までの平均同居期間をみると、平成28年では2.42年となっており、昭和55年に比べ0.81年延びた。期間別の内訳を年次推移でみると、2年未満の割合が大きく減少し、3年以上の割合が大きく増加している。

　また、1年未満で第1子を出生した期間を母の年齢階級別にみると、15～19歳では4か月以上5か月未満、20～29歳以下及び40歳以上では6か月以上7か月未満、30～39歳では10か月以上11か月未満の出生数が最も多くなった。

結婚生活に入ってから第1子出生までの期間（1年未満）別にみた母の年齢階級別出生数－平成28年－
First child live births distributed according to duration of marriage, by age of mother, born in less than 1 year from marriage, 2016

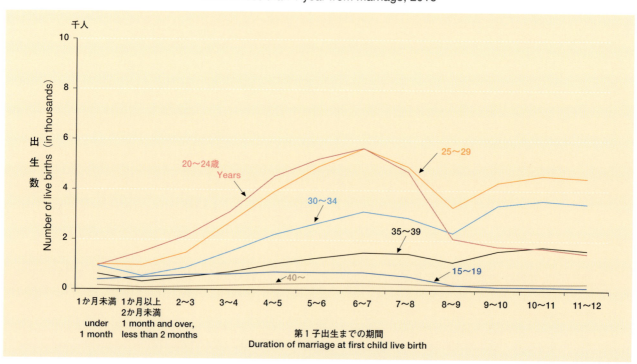

平均体重は男女とも近年は横ばい

性別にみた出生時平均体重及び2,500g未満出生数割合の年次推移―昭和50～平成28年―
Trends in mean birth weight and percentage of live birth under 2,500g by sex,1975-2016

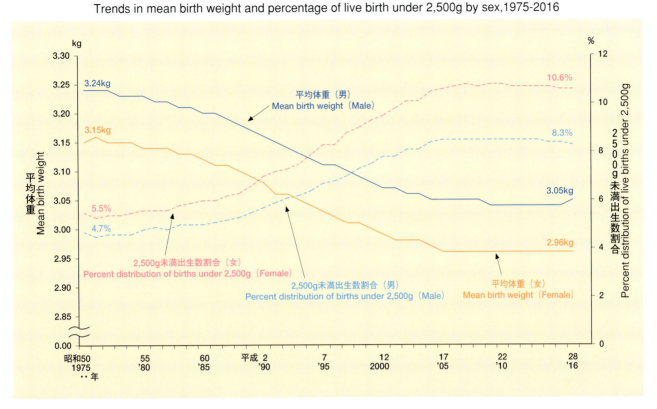

妊娠期間が過期の割合は年々減少傾向

妊娠期間別出生数割合の年次推移―昭和55～平成28年―
Trends in percentage of live birth by period of gestation, 1980-2016

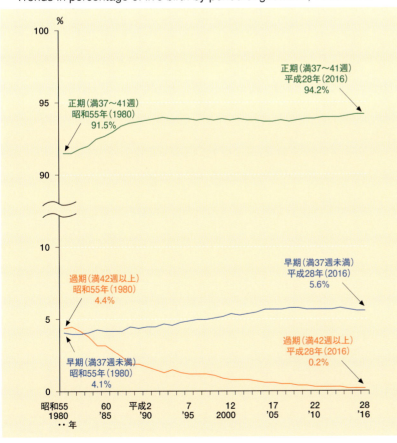

出生時平均体重はこの40年間で男女ともに約200g減少した。年次推移をみると男女とも減少傾向であったが、男は平成21年以降、女は17年以降横ばいとなっており、平成28年は男3.05kg、女2.96kgとなった。

また、全出生数に対する2500g未満出生数割合をみると、男女とも増加傾向であったが、近年は横ばいとなり、平成28年は男8.3%、女10.6%となった。

妊娠期間別出生数割合をみると、早期（満37週未満）は緩やかな増加傾向にあったが、近年は横ばいとなっている。正期（満37～41週）は昭和60年代前半頃まで増加していたが、その後は横ばいが続いている。過期（満42週以上）は、昭和55年に6万9873人で全出生数の4.4%を占めていたが、年々減少し、平成28年は1885人で0.2%となった。

我が国の合計特殊出生率は2006年以降、緩やかな上昇傾向

合計特殊出生率の年次推移－諸外国との比較　1950～2016年
Total fertility rates in selected countries, 1950-2016

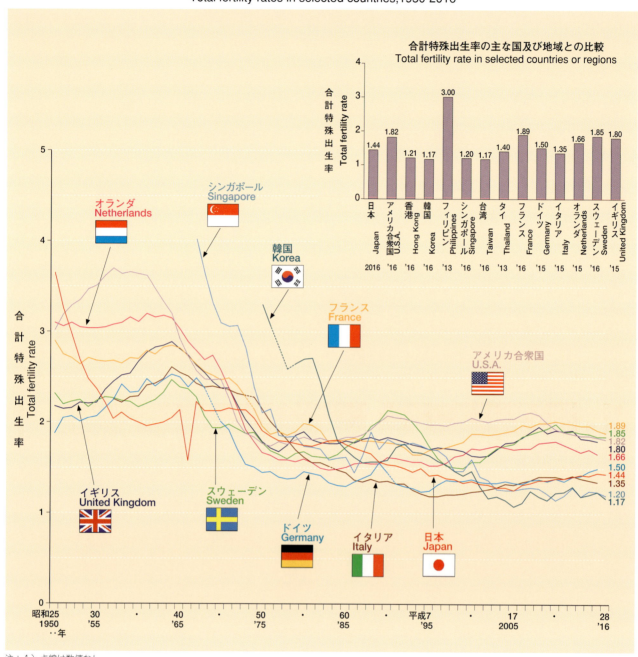

注：1）点線は数値なし。
　　2）ドイツは1990年までは旧西ドイツの数値である。
　　3）イギリスは1981年まではイングランド・ウェールズの数値である。
　　4）フランスの2014～2016年、イギリスの2015年、アメリカ合衆国の2016年は暫定値である。
資料：UN「Demographic Yearbook」
　　　U.S.Department of Health and Human Services「National Vital Statistics Reports」、「National Center for Health Statistics」
　　　Eurostat「Population and Social Conditions」
　　　Council of Europe「Recent demographic developments in Europe」
　　　WHO「World Health Statistics」
　　　大韓民国統計庁資料
　　　香港統計局資料
　　　台湾内政部資料

　我が国と諸外国との合計特殊出生率を比較したものである。
　我が国は1947年は4.54と高率であったが、以後急激に低下し、1957年には2.04と諸外国に比べ低くなった。1960年代後半から各国が低下傾向のなか、我が国は第2次ベビーブーム期に横ばいとなったが、1980年代前半を除き再び低下傾向となった。その後、ヨーロッパ諸国では1990年代後半から上昇傾向となっている国が多いなか、我が国は2006年以降緩やかな上昇傾向となっている。

死亡の動き　General mortality

死亡数・率はともに前年を上回る

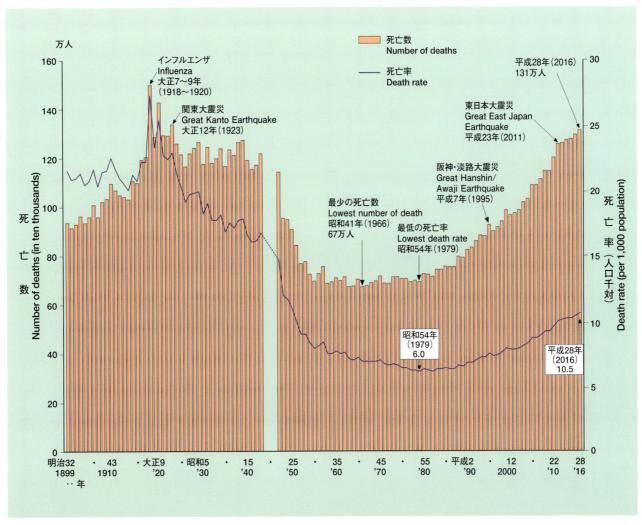

死亡数及び死亡率の年次推移－明治32～平成28年－
Trends in deaths and death rates, 1899-2016

注：点線は数値なし。

　平成28年の死亡数は130万7748人で前年より1万7304人増加し、死亡率（人口千対）は、10.5で前年より上昇した。死亡数と死亡率の年次推移をみると、明治から大正にかけて、死亡数は90万～120万人、死亡率は20台で推移してきた。昭和に入って初めて死亡率は20を割り、昭和16年に死亡数は115万人、死亡率は16.0まで低下した。第2次世界大戦後の22年に死亡数は114万人、死亡率は14.6であったが、医学や医療の進歩及び公衆衛生の向上などにより死亡の状況は急激に改善され、41年には死亡数が最も少ない67万人、54年には死亡率が最も低い6.0となった。

　その後、人口の高齢化を反映して緩やかな増加傾向に転じ、平成15年に死亡数は100万人を超え、死亡率も上昇傾向にある。

都道府県別にみた死亡率と65歳以上人口割合は、ほぼ同様の傾向

性別にみた都道府県別死亡率及び65歳以上人口割合－平成28年－
Death rates and percent distribution of population by 65 years and over by prefecture and sex, 2016

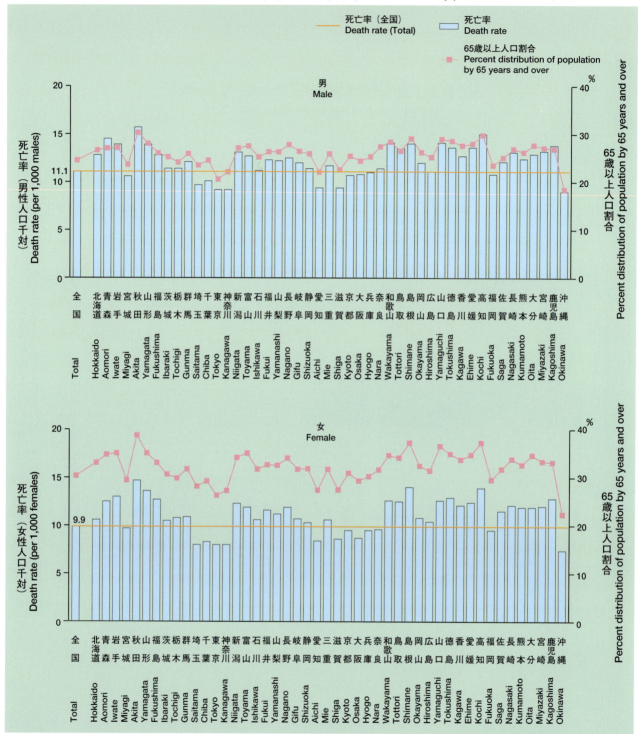

注　：65歳以上人口割合とは、日本人人口に占める65歳以上の人口の割合である。
資料：65歳以上人口割合については、「人口推計（平成28年10月1日現在）」（総務省統計局）

　平成28年の性別死亡率（人口千対）は男11.1、女9.9であった。これを都道府県別にみると、死亡率が最も低いのは男では沖縄県が9.0、次いで東京都と神奈川県で9.2、女では沖縄県が7.4、次いで神奈川県と東京都で8.0であった。また、最も高いのは男では秋田県15.7、次いで高知県15.0、青森県14.5、女では秋田県14.7、次いで島根県14.0、高知県13.9となった。都道府県別にみた死亡率と65歳以上人口割合は、ほぼ同様の傾向であった。

青年層では不慮の事故と自殺が多く、中高年層ではがんが多い

性・年齢階級別にみた主な死因の死亡数－平成28年－
Deaths from leading causes by sex and age groups, 2016

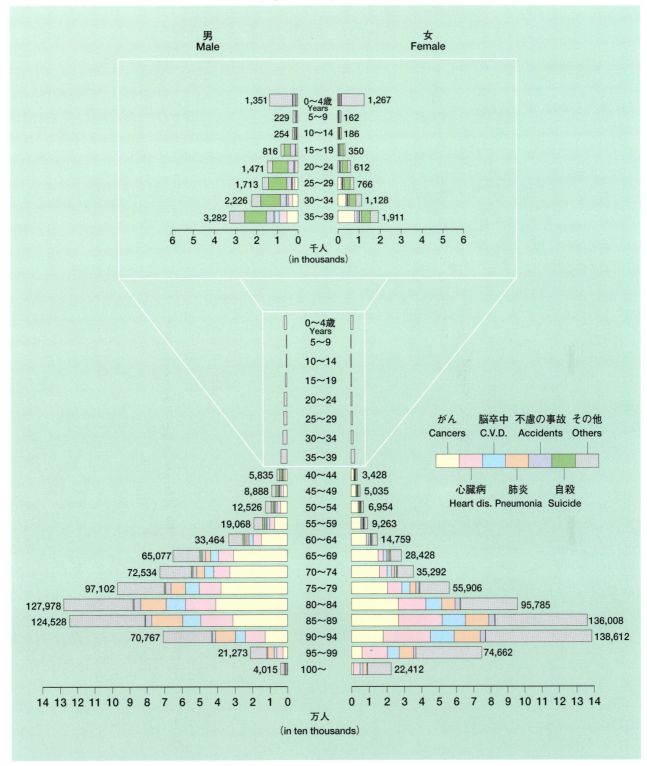

注：1) Heart dis. ← Heart diseases (excluding hypertensive heart diseases)
　　2) C.V.D. ← Cerebrovascular diseases

　平成28年の性・年齢階級別の死亡数を主な死因別にみると、男女とも10歳代、20歳代では、不慮の事故及び自殺が多くなった。30歳代は男性では自殺が、女性ではがんが多くなった。40～80歳代では、男女ともにがんが多くなり、90歳代以降は心臓病、脳卒中、肺炎が多くなった。

＊本書の場合の「がん」、「心臓病」、「脳卒中」は国際疾病傷害死因分類における「悪性新生物」、「心疾患（高血圧性を除く）」、「脳血管疾患」にあたる。

がんの死亡率は、上昇を続けている

主な死因別にみた死亡率の年次推移－昭和22～平成28年－
Trends in death rates for leading causes of death, 1947-2016

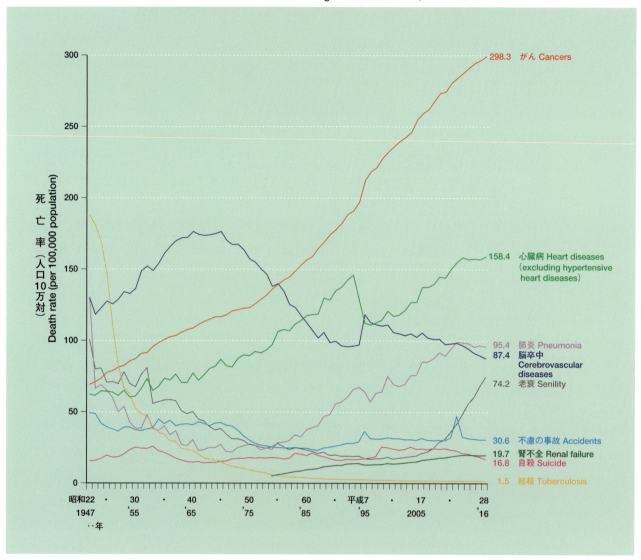

平成28年の主な死因別の死亡率（人口10万対）をみると、がん298.3、心臓病158.4、肺炎95.4、脳卒中87.4、老衰74.2などとなった。年次推移をみると、がんは一貫して上昇を続け、昭和56年以降死因順位の第1位となっている。心臓病は昭和60年に第2位となり、その後も上昇していたが、平成6、7年には急激に低下した。9年からは再び上昇傾向となっている。

肺炎は昭和22年以降低下傾向であったが、48年以降は上昇傾向に転じ、平成23年には脳卒中を抜いて第3位となった。

脳卒中は昭和45年から低下、平成3年以降は横ばいで推移し、7年に急激に上昇したものの、その後は低下傾向となっている。

＊1　平成6、7年の心臓病の低下は、新しい死亡診断書（死体検案書）（平成7年1月施行）における「死亡の死因欄には、疾患の終末期の状態としての心不全、呼吸不全等は書かないでください。」という注意書きの、事前周知の影響によるものと考えられる。
＊2　平成7年の脳卒中の上昇の主な要因は、ICD-10（平成7年1月適用）による原死因選択ルールの明確化によるものと考えられる。

年齢調整死亡率は低下傾向にある

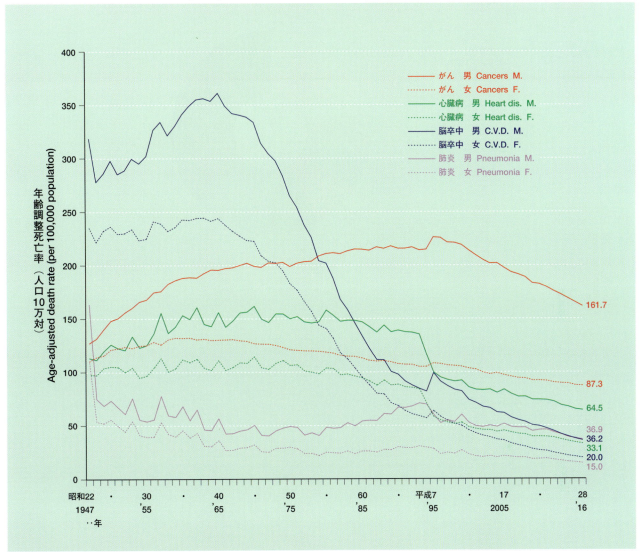

主な死因別にみた性別年齢調整死亡率の年次推移—昭和22～平成28年—
Trends in age-adjusted death rates for leading causes by sex, 1947-2016

注：1）Heart dis. ← Heart diseases(excluding hypertensive heart diseases)
　　2）C.V.D. ← Cerebrovascular diseases
　　3）年齢調整死亡率については、5頁、57頁を参照

　死亡の状況はその集団における人口の年齢構成に影響される。この年齢構成の差を取り除いて比較するために用いる年齢調整死亡率で主な死因の年次推移をみると、近年は総じて低下傾向にある。

男は肺がんが第１位

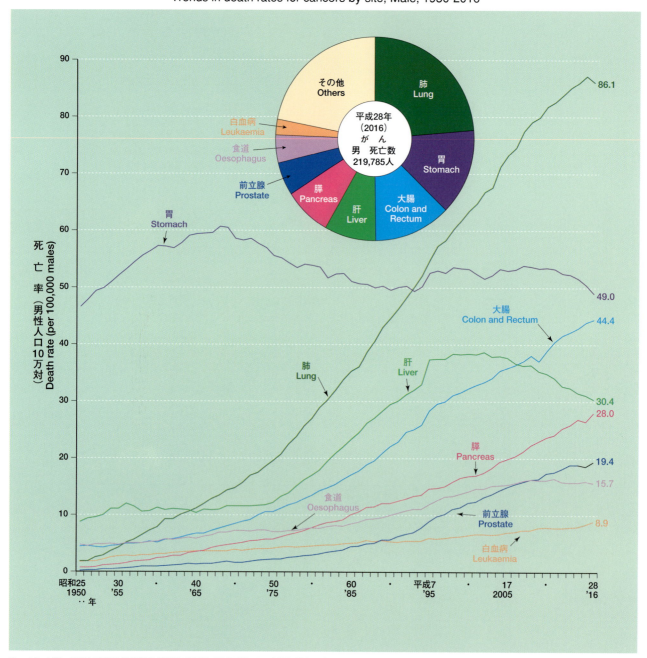

部位別にみたがんの死亡率の年次推移，男－昭和25～平成28年－
Trends in death rates for cancers by site, Male, 1950-2016

注：1）大腸←結腸と直腸S状結腸移行部及び直腸（昭和42年まで直腸肛門部を含む。）Colon and Rectum←Colon and rectosigmoid junction and rectum
　　2）肝←肝及び肝内胆管（昭和32年まで胆のう及び肝外胆管を含む。）Liver←Liver and intrahepatic bile ducts
　　3）肺←気管、気管支及び肺 Lung←Trachea, bronchus and lung

　平成28年の男のがんの死亡数は21万9785人、死亡率（男性人口10万対）は361.1であった。
　部位別に死亡率の年次推移をみると、肺がんは一貫して上昇を続け、平成5年には胃がんを抜いて第1位となり、引き続き上昇していたが、28年は低下した。
　胃がんは昭和43年をピークに低下傾向が続き、平成6年からは上昇傾向となっていたが、平成20年から低下傾向となっている。
　大腸がんは上昇傾向にあり、19年に肝がんを抜き第3位となった。その他の部位では、上昇傾向であった肝がんは、近年低下傾向で推移している。

女は大腸がんが第1位

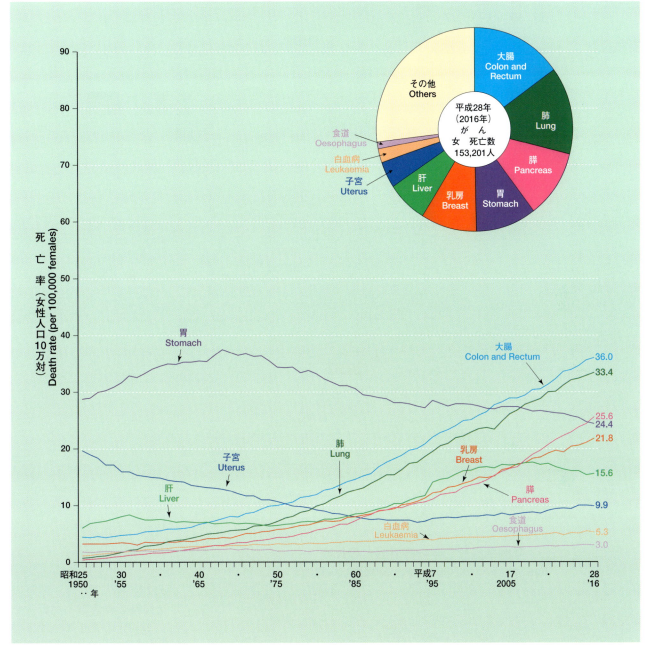

注:平成6年以前の「子宮」は胎盤を含む。

　平成28年の女のがんの死亡数は15万3201人、死亡率（女性人口10万対）は238.8であった。
　部位別に死亡率の年次推移をみると、一貫して上昇を続けていた大腸がんは、平成15年に胃がんを抜き、以降第1位となっている。19年には、同様に上昇を続けていた肺がんも、胃がんを抜いて第2位となり、引き続き上昇している。
　膵がんは上昇傾向にあり、平成28年には胃がんを抜いて第3位となった。乳がんは上昇傾向で、低下傾向だった子宮がんは平成6年からは緩やかな上昇傾向にある。

我が国の死亡率は、急速な高齢化を反映して上昇

死亡率の年次推移－諸外国との比較　1947～2016年
Death rates in selected countries, 1947-2016

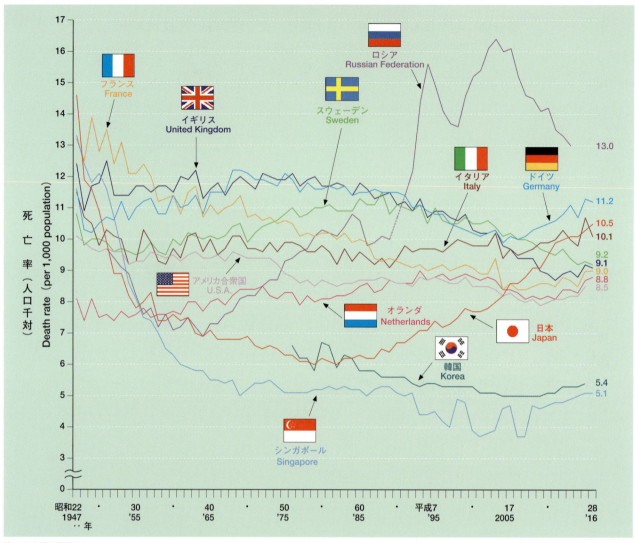

注：1) 点線は数値なし。
　　2) ドイツの1990年までは旧西ドイツの数値である。
　　3) ロシアの1990年までは旧ソビエト連邦の数値である。
資料：UN「Demographic Yearbook」

年齢調整死亡率の諸外国との比較
Age-standardized death rates selected countries

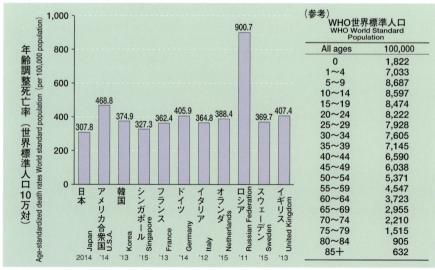

注：標準人口は WHO が作成した世界標準人口による。
資料：WHO Mortality Database

我が国の死亡率（人口千対）の年次推移を諸外国と比較すると、1947年の死亡率は諸外国と比べて高かったが、医学の進歩、公衆衛生の向上などによって急速に改善され、1965年以降は欧米諸国より低くなっていた。しかし、急速な人口の高齢化を反映して、近年、我が国の死亡率は上昇している。

年齢構成の差を取り除いて比較するための年齢調整死亡率（世界標準人口10万対）でみると、我が国は低率国である。

我が国は男女とも肺炎が、諸外国と比べて高い

性別にみた主な死因別死亡率の諸外国との比較
Death rates for leading causes of death by sex in selected countries

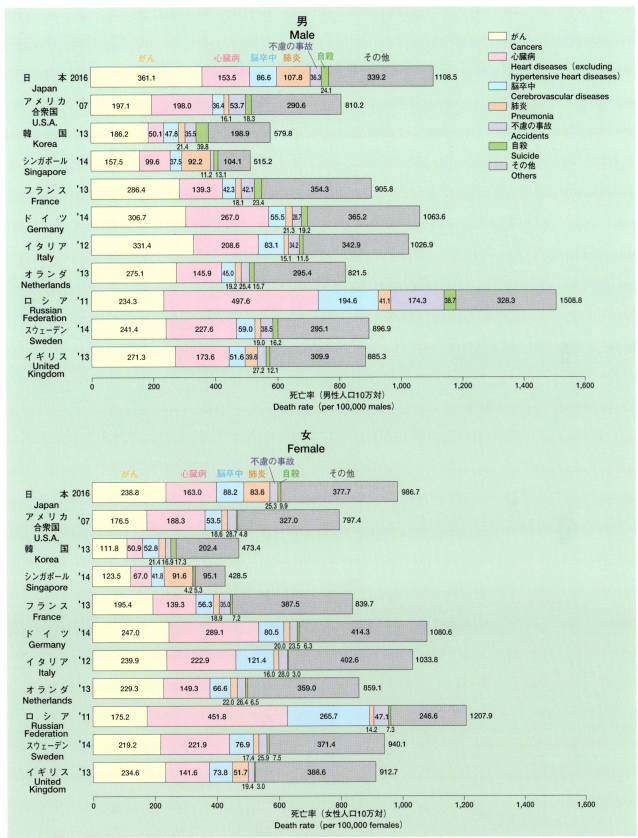

注：心臓病及び不慮の事故は、我が国で使用している死因分類の範囲と一致しない。
資料：WHO Mortality Database

我が国の性別の死亡率（人口10万対）を諸外国と比較すると、男女とも肺炎が高くなっている。

乳児死亡の動き　Infant mortality

乳児死亡率は低下傾向

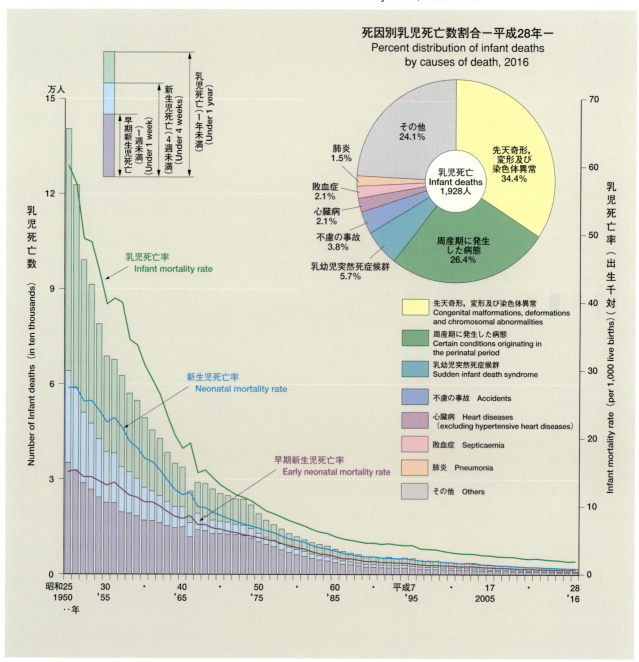

乳児死亡数及び乳児死亡率の年次推移―昭和25～平成28年―
Trends in infant deaths and infant mortality rates, 1950-2016

死因別乳児死亡数割合―平成28年―
Percent distribution of infant deaths by causes of death, 2016

　乳児死亡とは、生後1年未満の死亡であり、このうち4週（28日）未満の死亡を新生児死亡、1週（7日）未満の死亡を早期新生児死亡という。
　平成28年の乳児死亡数は1928人、乳児死亡率（出生千対）は2.0となった。
　生存期間別に乳児死亡率の年次推移をみると、昭和40年代半ばまでは生後1週以上4週未満及び4週以上1年未満の死亡は急速に低下したが、近年は緩やかな低下傾向となっている。
　平成28年の死因別乳児死亡数割合は、「先天奇形，変形及び染色体異常」が最も多く34.4％で、次いで「周産期に発生した病態」が26.4％となった。

我が国の乳児死亡率は低い

乳児死亡率の年次推移－諸外国との比較　1947～2016年
Infant mortality rates in selected countries, 1947-2016

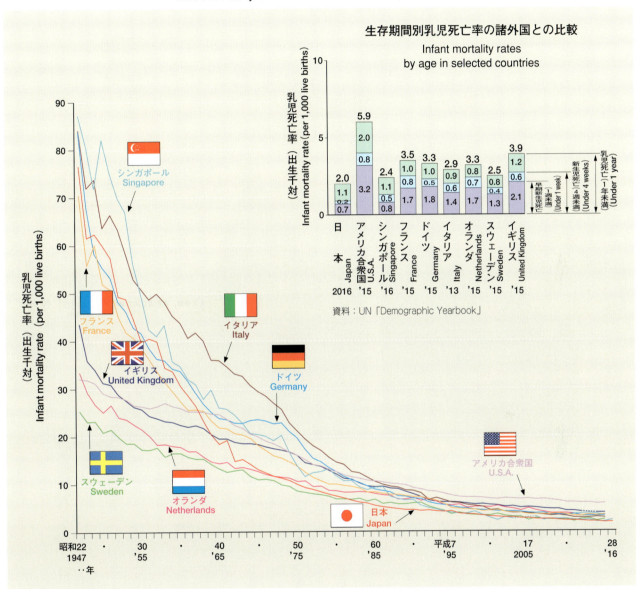

注：1）点線は数値なし。
　　2）ドイツの1990年までは旧西ドイツの数値である。
資料：UN「Demographic Yearbook」

【乳児死亡率　最新年の数値】 Infant mortality rates

日本 Japan	アメリカ合衆国 U.S.A.	シンガポール Singapore	フランス France	ドイツ Germany	イタリア Italy	オランダ Netherlands	スウェーデン Sweden	イギリス United Kingdom
2016	2015	2016	2015	2015	2015	2015	2015	2015
2.0	5.9	2.4	3.5	3.3	2.9	3.3	2.5	3.9

　我が国の乳児死亡率（出生千対）の年次推移を諸外国と比較したものである。
　1947年から1960年代初めまでの乳児死亡率は諸外国と比べて高かったが、その後は低下し、現在は世界でも有数の低率国である。

自然増減の動き　Natural change

自然増減数・率は10年連続でマイナス

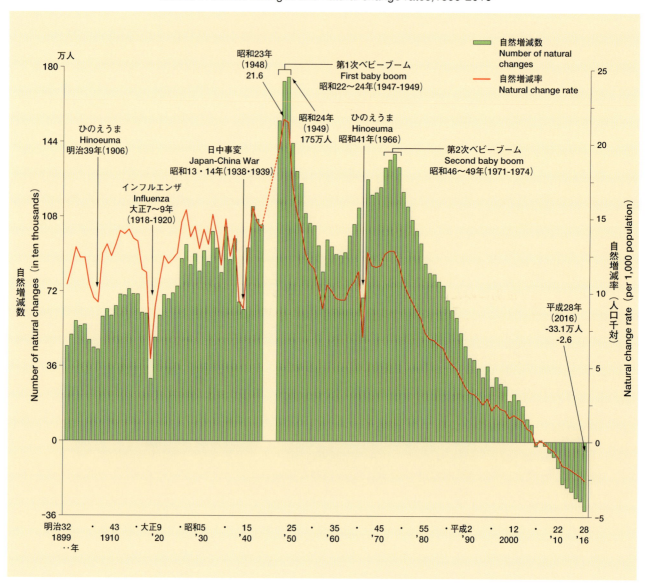

自然増減数及び自然増減率の年次推移－明治32～平成28年－
Trends in natural changes and natural change rates, 1899-2016

　平成28年の自然増減数（出生数から死亡数を減じたもの）は△33万770人で、前年の△28万4767人より4万6003人減少し、自然増減率（人口千対）は△2.6で前年の△2.3を下回った。

　自然増減数の年次推移をみると、第2次世界大戦前は増加傾向であったが、戦後は第1次ベビーブーム期の昭和24年の175万人をピークに減少した。その後、昭和37年に再び増加に転じ、46年から49年の第2次ベビーブーム期には130万人を超えていたが、50年以降は、出生数の減少により自然増減数も減少し、平成元年に50万人を割った。

　平成2年からは出生数は横ばいであったが、人口の高齢化による死亡数の増加により減少し、11年には20万人を割った。12年には増加したものの、13年以降は出生数の減少と死亡数の増加の双方により再び減少し、16年には10万人を割り、17年には統計の得られていない昭和19年から21年を除き、現在の形式で統計をとり始めた明治32年以降初めて出生数が死亡数を下回りマイナスとなった。平成18年はプラスとなったものの、19年からは10年連続でマイナスとなっている。

26

自然増減数・率がプラスの県は1県

都道府県別にみた自然増減数及び自然増減率－平成28年－
Natural changes and natural change rates by prefecture, 2016

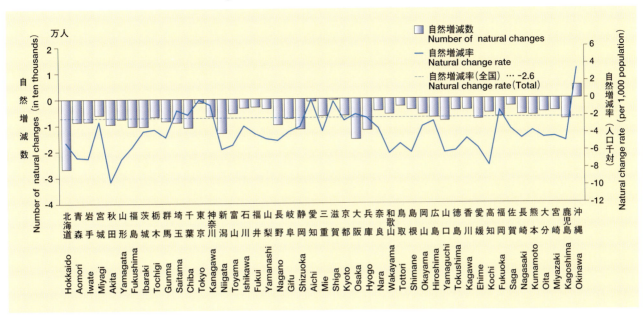

自然増減数は男は平成17年、女は20年以降減少

性別にみた出生数及び死亡数の年次推移－明治32～平成28年－
Trends in live births and deaths by sex, 1899-2016

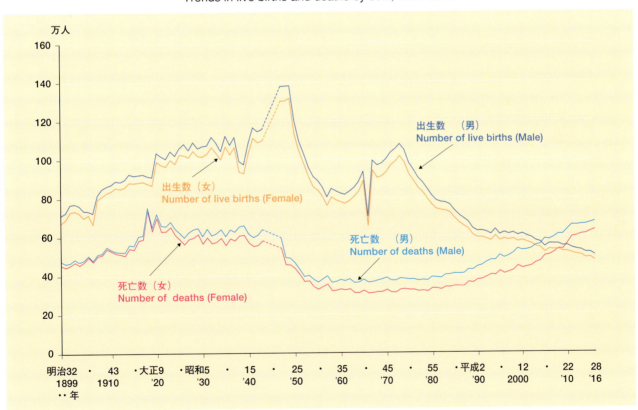

　自然増減数を都道府県別にみると、出生数が死亡数を上回った県は、沖縄県の1県のみとなった。自然増減率（人口千対）をみると、最も高い県は沖縄県で、3.4となっており、最も低い県は秋田県で△9.5となった。

　出生数と死亡数の年次推移を性別にみると、統計の得られていない昭和19年から21年を除き、現在の形式で統計をとり始めた明治32年以降、男は平成17年に初めて出生数が死亡数を下回ってから自然増減数の減少が続いており、同様に女は20年以降減少となっている。

死産の動き　Foetal mortality

死産率は低下傾向

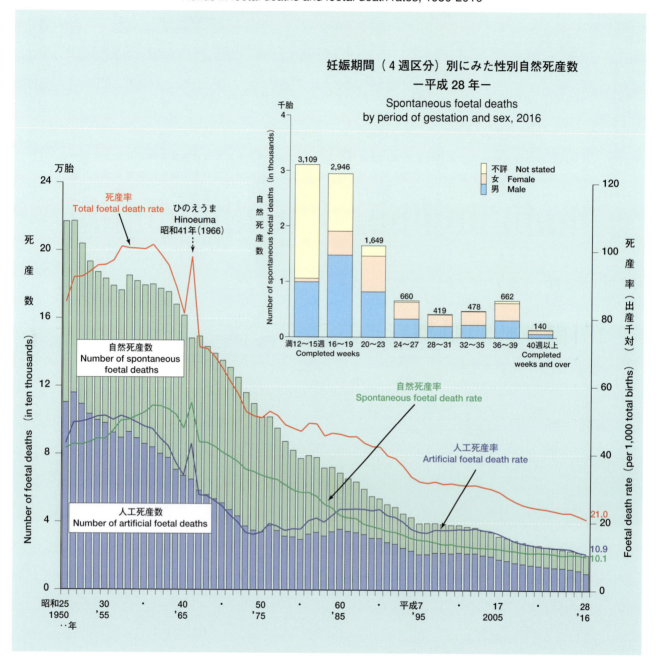

死産数及び死産率の年次推移－昭和25～平成28年－
Trends in foetal deaths and foetal death rates, 1950-2016

　死産とは、妊娠満12週以後の死児の出産をいい、死産率は出産（出生数と死産数の合計）千対の率である。
　平成28年の死産数は2万934胎、死産率は21.0となっており、そのうち自然死産数は1万67胎、自然死産率は10.1、人工死産数は1万867胎、人工死産率は10.9であった。
　死産率の年次推移をみると、全死産は昭和25年から上昇傾向となり、36年にピークの101.7となった。その後は41年の「ひのえうま」の影響を除き低下傾向となり、平成7年からは横ばいで推移していたが、15年以降低下している。
　自然死産・人工死産別にみると自然死産率は昭和30年代後半から低下傾向にある。人工死産率は昭和30年代半ばから低下していたが、50年からは上昇傾向に転じ、60年には自然死産率を上回った。63年からは再び低下傾向に転じ、平成6年から14年まではおおむね横ばいとなったが、15年以降低下している。
　平成28年の自然死産数を妊娠期間（4週区分）別にみると、満23週以前の各期間の死産数が多くなった。

周産期死亡の動き　Perinatal mortality

周産期死亡数は減少傾向

周産期死亡数及び周産期死亡率の年次推移 －昭和54～平成28年－
Trends in perinatal deaths and perinatal death rates, 1979-2016

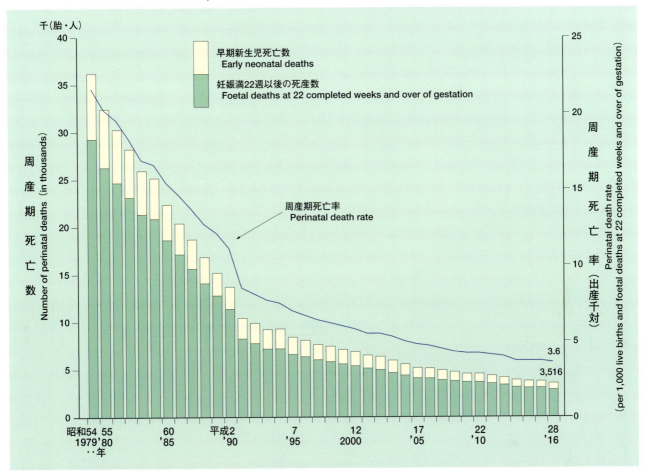

周産期死亡率の諸外国との比較
Perinatal death rates in selected countries

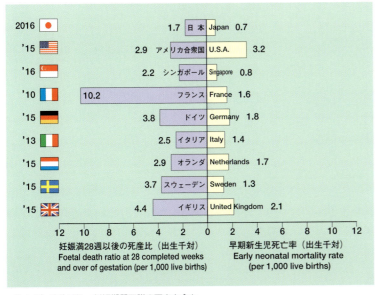

注：1）諸外国は、妊娠期間不詳の死産を含む。
　　2）フランスについては、妊娠期間180日以後の死産である。
資料：UN「Demographic Yearbook」

周産期死亡とは、妊娠満22週以後の死産に早期新生児死亡を加えたものをいい、周産期死亡率は、出産（出生数と妊娠満22週以後の死産数の合計）千対の率である。

平成28年の周産期死亡数は3516で、妊娠満22週以後の死産数が2840胎、早期新生児死亡数が676人、周産期死亡率は3.6であった。周産期死亡数は減少傾向にあり、周産期死亡率は近年横ばいとなっている。

我が国の周産期死亡率を諸外国と比較してみると、妊娠満28週以後の死産比、早期新生児死亡率ともに低い。

なお、諸外国との比較では妊娠満28週以後の死産数の出生千対の比を用いた。

婚姻の動き　Marriages

婚姻件数は減少、全婚姻に占める再婚の割合も減少

婚姻件数及び婚姻率の年次推移－昭和22～平成28年－
Trends in marriages and marriage rates, 1947-2016

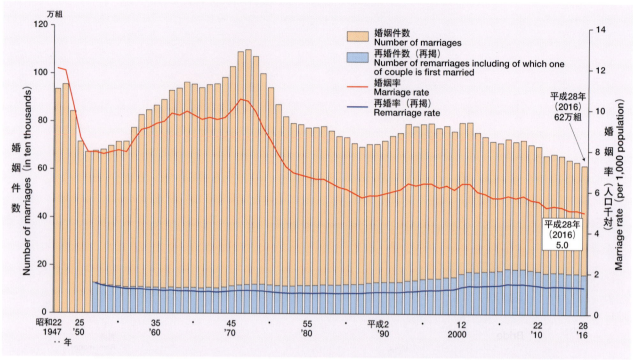

注：再婚件数・再婚率（人口千対）は、夫妻とも再婚又は夫妻のどちらか一方が再婚の件数・率である。

夫妻とも再婚又はどちらか一方が再婚の婚姻件数の年次推移－昭和27～平成28年－
Trends in remarriages including of which one of couple is first married, 1952-2016

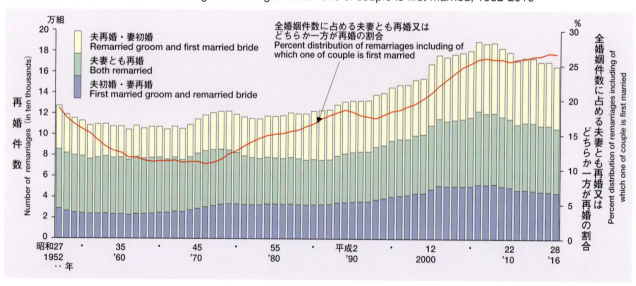

　平成28年の婚姻件数は62万531組で、前年より1万4625組減少した。
　婚姻件数の年次推移をみると、終戦直後の昭和22、23年の第1次婚姻ブームの後に急激に減少したが、20年代後半以降は増加傾向となり、45年には第2次婚姻ブームを迎え、47年には110万組となった。48年から減少傾向の後、63年から増加に転じた。平成6年以降は増減を繰り返し、14年からは減少し続けていたが、18年以降は再び増減を繰り返した。21年からは減少が続き、24年は増加したが、25年からは再び減少し28年は戦後最少となっている。
　また、初婚-再婚別にみると、平成28年は「夫妻とも初婚」は45万4750組（全婚姻件数の73.3％）で、「夫妻とも再婚又はどちらか一方が再婚」は16万5781組（同26.7％）となった。
　「夫妻とも再婚又はどちらか一方が再婚」を組み合わせ別にみると、「夫再婚―妻初婚」は6万1797組、「夫妻とも再婚」は5万9501組、「夫初婚―妻再婚」は4万4483組となった。

夫・妻ともに進む晩婚化

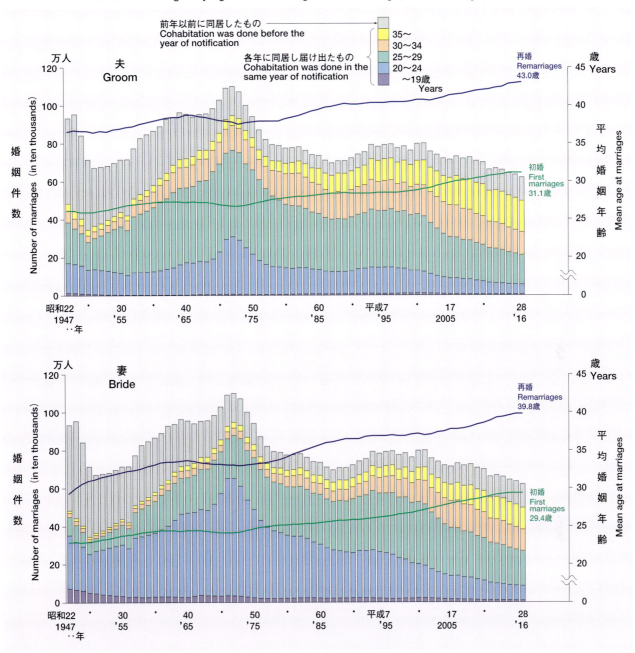

夫・妻の年齢階級別にみた婚姻件数及び平均婚姻年齢の年次推移－昭和22～平成28年－
Trends in marriages by age of bride and groom at marriage, and mean age, 1947-2016

注：昭和42年までは結婚式をあげたときの年齢、43年以降は結婚式をあげたときと同居を始めたときのうち早いほうの年齢である。

　各年に同居し届け出たものについて、年齢階級別に年次推移をみると、夫・妻とも昭和20年代後半から47年までの約20年間では20歳代の増加が著しい。その後、夫の20歳代、妻の20～24歳は減少傾向に転じた。妻の25～29歳は引き続き増加傾向にあったが、平成13年以降減少を続けている。また、夫・妻とも30～34歳、35歳以上は昭和20年代後半から増加傾向が続いていたが、夫の30～34歳は平成19年以降減少を続けている。28年では夫は35歳以上の16万3396人、妻は25～29歳の18万3655人と最も多く、次いで夫は25～29歳の15万6407人、30～34歳の12万132人、妻は35歳以上の11万4309人、30～34歳の11万3510人となった。

　夫・妻の平均初婚年齢の年次推移をみると、昭和22年では夫26.1歳、妻22.9歳であり、その後、20年代半ばから30年代半ばにかけて上昇した。第2次婚姻ブーム期の昭和47年前後に低下したが、その後再び上昇し続け、平成28年には夫31.1歳、妻29.4歳となった。平成28年は昭和22年に比べ夫は5.0歳、妻は6.5歳上昇しており、夫・妻とも晩婚化が進んでいる。また、平均再婚年齢をみると、昭和22年では夫36.5歳、妻29.3歳であったが、平成28年には夫43.0歳、妻39.8歳となり、年々上昇傾向にある。

＊平成28年に届け出られた婚姻件数は62万531組で、そのうち、28年に同居した婚姻は49万6425組、前年以前に同居した婚姻は12万4106組であった。

妻の20～24歳の初婚率は大きく低下する一方30歳以上は上昇

結婚生活に入ったときの年齢階級別にみた初婚率・再婚率（人口千対）の年次比較－平成8・18・28年－
Comparison of first married rates and remarried rates（per 1,000 population）by age, 1996・2006・2016

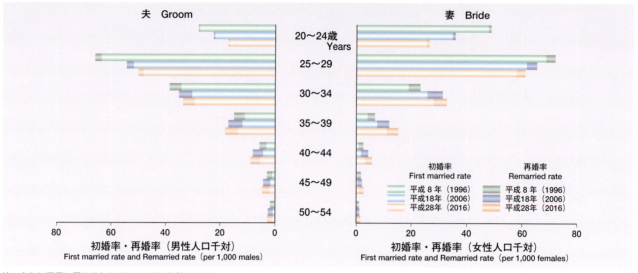

注：各年に同居し届け出たものについての集計である。

国際結婚の件数は前年を上回る

夫妻の一方が外国人の国籍別婚姻件数の年次推移－昭和40～平成28年－
Trends in marriages of which groom or bride is foreigner, 1965-2016

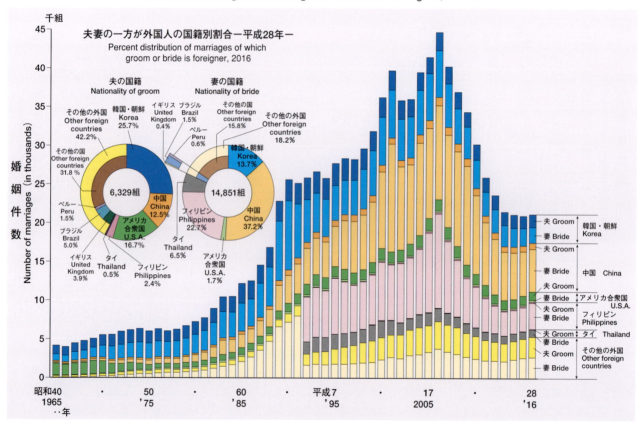

注：フィリピン、タイは、平成4年から調査しており、3年までは「その他の外国」に含まれる。

　結婚生活に入ったときの年齢階級別にみた初婚率（人口千対）について、平成28年を8年、18年と比較すると、夫は25～29歳での低下が大きく、35～39歳以上の各階級ではいずれも上昇している。妻は20～24歳で大きく低下し、30～34歳以上の各階級ではいずれも上昇している。また、再婚率（人口千対）も、夫は40～44歳以上、妻は40～44歳以上の各階級でいずれも上昇している。

　夫妻の一方が外国人の婚姻件数の年次推移をみると、平成18年まで増加傾向にあり、その後は減少に転じたが、平成28年は2万1180組で、前年より204組増加した。また、妻が外国人の婚姻件数が約70％を占めており、これを妻の国籍別にみると中国が最も多く、次いでフィリピン、韓国・朝鮮となった。一方、夫が外国人の婚姻について夫の国籍別にみると、韓国・朝鮮が最も多く、次いでアメリカ合衆国、中国となった。

我が国の婚姻率は、近年、ヨーロッパ諸国と比べて高い

婚姻率の年次推移－諸外国との比較　1947～2016年
Marriage rates in selected countries, 1947-2016

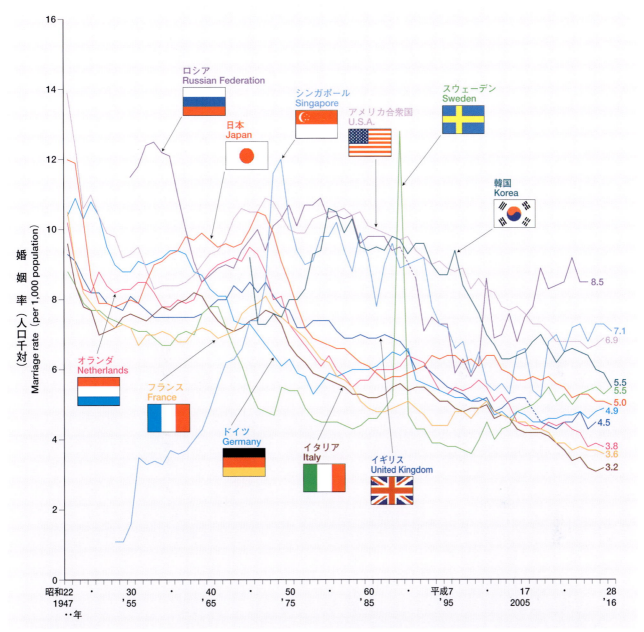

注：1）点線は数値なし。
　　2）イギリスの1970年まではイングランド・ウェールズの数値である。
　　3）ドイツの1990年までは旧西ドイツの数値である。
　　4）ロシアの1990年までは旧ソビエト連邦の数値である。
　　5）アメリカ合衆国の1993～1996年、イギリスの2014～2016年は暫定値である。

資料：UN「Demographic Yearbook」
　　　Eurostat「Population and Social Conditions」
　　　大韓民国統計庁資料

我が国と諸外国の婚姻率（人口千対）を比較したものである。

我が国は、1957年から上昇傾向にあったが、1971年をピークに急激に低下し、近年は増減を繰り返しながら減少し続けている。

2016年は前年より低下したが、ヨーロッパ諸国（スウェーデン、ロシアを除く）に比べ高くなっている。ただし、ヨーロッパ諸国では出生に占める嫡出でない子の割合が多いことから、婚姻率を比較する場合に注意が必要である（＜参考＞参照）。

＜参考＞Reference
出生に占める嫡出でない子の出生割合の国際比較
Proportion of births born out of wedlock in total live births in selected countries

国 Country		年次 Year	割合(%) Percentage
日本	Japan	2016	2.3
アメリカ合衆国	U.S.A.	2015	40.3
韓国	Korea	2016	1.9
フランス	France	2015	59.1
ドイツ	Germany	2015	35.0
イタリア	Italy	2015	30.0
スウェーデン	Sweden	2015	54.7
イギリス	United Kingdom	2015	47.9

注：イギリスは暫定値である。
資料：Eurostat「Population and Social Conditions」
　　　U.S. Department of Health and Human services「National Vital Statistics Reports」
　　　大韓民国統計庁資料

＊スウェーデンの1989年の大きな突出は、年金制度の改正により駆け込みの婚姻が急増したためといわれている。

離婚の動き　Divorces

離婚件数は減少

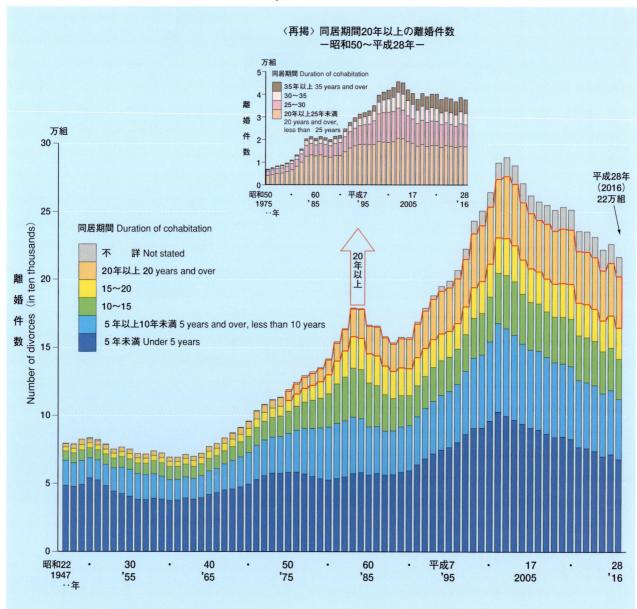

同居期間別にみた離婚件数の年次推移－昭和22～平成28年－
Trends in divorces by duration of cohabitation, 1947-2016

平成28年の離婚件数は21万6798組で前年より9417組減少した。

離婚件数の年次推移をみると、戦後最も少なかった昭和36年以降長期にわたって増加が続いたものの、59年に減少傾向に転じた。平成3年以降は再び増加が続き、14年には統計の得られていない昭和19年から21年を除き、現在の形式で統計をとり始めた明治32年以降最多となったが、平成15年以降は減少傾向が続いている。

同居期間別離婚件数の年次推移をみると、平成3年以降すべての期間で増加傾向にあったが、14年に5年未満と5年以上10年未満で減少に転じ、その後はすべての期間で減少傾向から横ばいとなっている。また、同居期間20年以上を5年階級別にみると、35年以上の増加の割合が多くなった。

未成年の子がいる離婚件数は約12万6千組で、未成年の子の数は約22万人

親権を行う者別にみた離婚件数及び親が離婚をした未成年の子の数の年次推移－昭和25～平成28年－
Trends in divorces by person having custody of children, and number of dependent children involved, 1950-2016

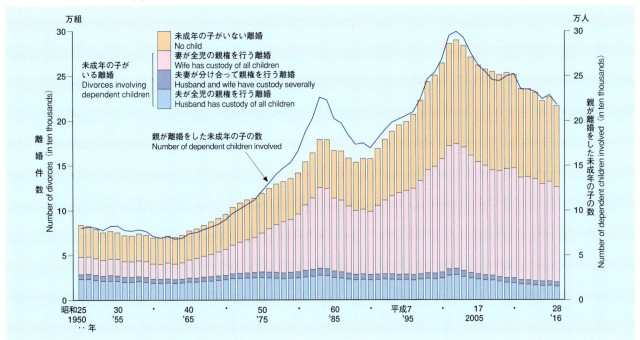

注：1）未成年の子とは、20歳未満の未婚の子をいう。
　　2）親権とは、未成年の子に対して有する身分上、財産上の監督、保護を内容とする権利、義務をいう。

夫妻ともに20歳代以下の割合は大きく低下する一方、30歳代以上は上昇

夫・妻の年齢階級別にみた離婚件数構成割合の年次推移－昭和25～平成28年－
Trends in percent distribution of divorces by age of husband and wife, 1950-2016

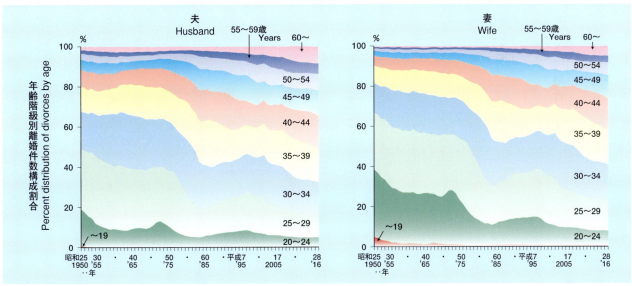

注：1）各年に別居し届け出たものについての集計である。
　　2）同居をやめたときの年齢である。

　平成28年の離婚件数21万6798組のうち、未成年の子がいる離婚は12万5946組（全体の58.1％）で、親が離婚した未成年の子の数は21万8454人、未成年の子がいない離婚は9万852組（同41.9％）となった。
　また、親権を行う者別に離婚件数の年次推移をみると、平成28年は「妻が全児の親権を行う」は10万6314組（未成年の子のいる離婚件数に占める割合は84.4％）で、その割合は昭和40年代以降増加傾向にある。「夫が全児の親権を行う」は1万5033組（同11.9％）、「夫妻が分け合って親権を行う」4599組（同3.7％）となった。
　離婚件数の年齢階級別構成割合の年次推移をみると、20歳代以下は戦後まもなく夫は約50％、妻は約65％であったが、昭和50年代に急激に割合が低下し、平成28年は夫・妻ともに戦後の割合の1/3となった。30歳代は戦後から昭和50年代半ばにかけて上昇し、その後は低下傾向ののち再び上昇していたが、平成19年以降は低下しており、夫・妻ともに40％を下回っている。40歳代は昭和40年代以降上昇傾向にあり、夫は平成5年以降、妻は4年以降低下が続いたものの、14年以降は再び上昇傾向となっており、近年は20％台となっている。50歳以上は昭和50年代以降は夫・妻とも上昇傾向にあり、平成28年は夫22.0％、妻14.7％となった。

我が国の離婚率は諸外国と比べて低い

離婚率の年次推移－諸外国との比較　1947～2016年
Divorce rates in selected countries, 1947-2016

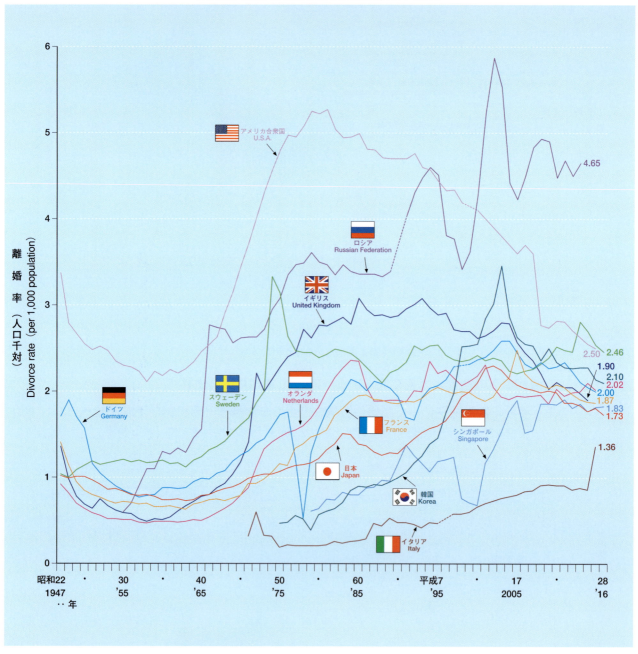

注：1) 点線は数値なし。
　　2) イギリスの1970年まではイングランド・ウェールズの数値である。
　　3) ドイツの1990年までは旧西ドイツの数値である。
　　4) ロシアの1990年までは旧ソビエト連邦の数値である。

資料：UN「Demographic Yearbook」
　　　U.S. Department of Health and Human Services「National Vital Statistics Reports」

　我が国と諸外国の離婚率（人口千対）を比較したものである。
　我が国は、1980年代までは低率で推移し、1991年以降急上昇したが、2003年以降は緩やかな低下傾向となっており、諸外国（イタリアを除く）と比較すると低くなっている。

平成28年度「婚姻に関する統計(人口動態特殊報告)」から
Marriage Statistics (Specified Report of Vital statistics in FY 2016)

累積初婚率は夫妻ともに晩婚化の影響もあり徐々に低下

出生コーホート別にみた年齢別累積初婚率(人口千対) －昭和43・48・53・58・63年生まれ－
Cumulative age-specific first marriage rates (per 1,000 population) by birth cohort
(people born in 1968, 1973, 1978, 1983, and 1988)

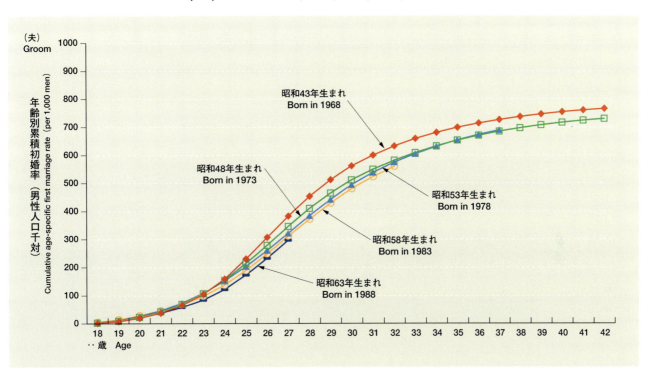

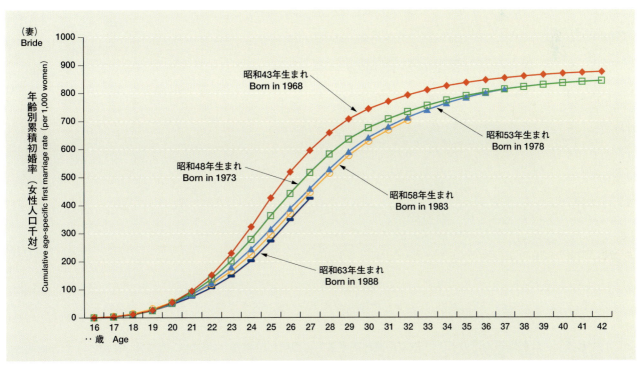

注：1)「コーホート」とは、ある期間に出生・婚姻等何らかの事象が発生した人を集団としてとらえたものであり、出生によるものを「出生コーホート」と呼ぶ。
　　2) 出生コーホート別年齢別累積初婚率とは、夫(妻)の出生コーホート別にみた年齢別初婚率(※)をある年齢まで合計したもので、同一世代のうち、当該年齢までに結婚をしたことのある者の割合に相当。
　　※年齢別初婚率とは、その年齢の男性(女性)の人口千人に対する夫(妻)のその年齢の初婚件数の割合。

再婚割合は妻よりも夫の方が高く、30歳代前半まででやや高い傾向

平成23年に離婚した者が5年以内に再婚した割合
Rate of remarriage occurring within 5 years after divorce 2011

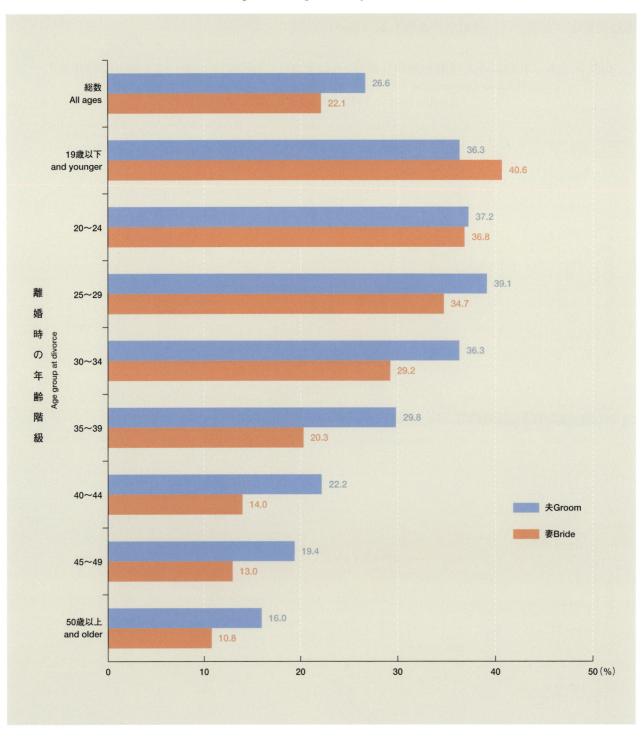

注：総数には年齢不詳含む。

　平成23年に離婚した者が5年以内に再婚をした割合をみると、離婚をした妻よりも夫の方が再婚をしている割合が高く、夫は25％を超えている。
　これを離婚時の年齢階級別にみると、夫は30歳代前半までに離婚した者が5年以内に再婚をした割合は35％を超え、30歳代後半で約3割、40歳代で約2割となっている。
　一方、妻は20歳代までに離婚した者が5年以内に再婚をした割合は30％を超え、30歳代前半で約3割、30歳代後半で約2割となっている。
　夫妻とも30歳代前半までで高い傾向がみられる。

平均寿命　Life expectancy at birth

日本人の平均寿命　平成28年は男80.98年・女87.14年

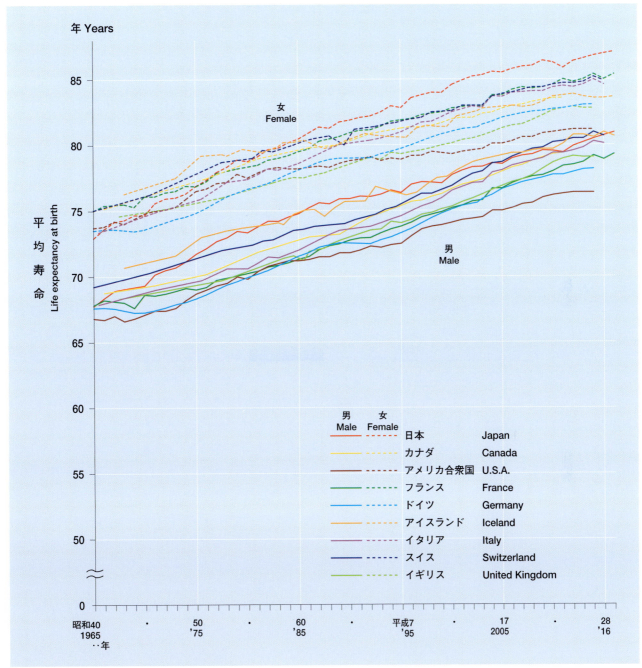

注：1）1971年以前の日本は、沖縄県を除く数値である。
　　2）1990年以前のドイツは、旧西ドイツの数値である。
資料：厚生労働省「完全生命表」、「簡易生命表」
　　　諸外国は、UN「Demographic Yearbook」等

　平成28年簡易生命表によると、男の平均寿命＊は80.98年、女の平均寿命は87.14年であり、男女ともに過去最高を更新した。
　国によって平均寿命の作成基礎となるデータの時点などが異なるため厳密な国際比較は難しいが、現在入手している資料を用いて比較すると、我が国の平均寿命は、男女ともに世界のトップクラスであるといえる。

＊平均寿命とは、0歳の平均余命のことである。平均寿命はすべての年齢の死亡状況を集約したものとなっており、保健福祉水準を総合的に示す指標として広く活用されている。

統　計　表
Statistical tables

統計表の表章記号の規約　Symbols used in tables

一	計数のない場合 Magnitude zero
…	計数不明の場合 Data not available
.	統計項目のあり得ない場合 Category not applicable
0.0	比率が微小（0.05 未満）の場合 Figure less than 0.05
△	減少数（率）の場合 Negative

第 1 表 人 口 動 態

年次[1]		人口[2]	出生数	死亡数	(再掲) 乳児死亡数 (1歳未満)	新生児[3]死亡数 (生後4週未満)	自然増減数	死産数[4] 総数	自然死産	人工死産	周産期死亡数 総数	妊娠満22週以後の死産数	早期新生児死亡数 (生後1週未満)	婚姻件数	離婚件数
1899	明治32	43 404 000	1 386 981	932 087	213 359	108 077	454 894	135 727	...	...	...	...	...	297 372	66 545
1900	33	43 847 000	1 420 534	910 744	220 211	112 259	509 790	137 987	...	...	...	...	...	346 528	63 828
01	34	44 359 000	1 501 591	925 810	225 107	115 794	575 781	155 489	...	...	...	...	...	378 457	63 442
02	35	44 964 000	1 510 835	959 126	232 652	116 654	551 709	157 708	...	...	...	...	...	394 165	64 139
03	36	45 546 000	1 489 816	931 008	226 982	112 909	558 808	153 920	...	...	...	...	...	370 961	65 392
04	37	46 135 000	1 440 371	955 400	218 756	106 477	484 971	147 058	...	...	...	...	...	398 930	63 913
05	38	46 620 000	1 452 770	1 004 661	220 450	103 382	448 109	142 092	...	...	...	...	...	350 898	60 061
06	39	47 038 000	1 394 295	955 256	214 148	105 307	439 039	149 731	...	...	...	...	...	352 857	65 398
07	40	47 416 000	1 614 472	1 016 798	244 300	118 617	597 674	158 814	...	...	...	...	...	432 949	61 058
08	41	47 965 000	1 662 815	1 029 447	262 801	123 867	633 368	162 676	...	...	...	...	...	461 254	60 226
09	42	48 554 000	1 693 850	1 091 264	283 436	129 629	602 586	161 576	...	...	...	...	...	437 882	58 936
1910	43	49 184 000	1 712 857	1 064 234	276 136	126 910	648 623	157 392	...	...	...	...	...	441 222	59 432
11	44	49 852 000	1 747 803	1 043 906	276 798	127 302	703 897	155 319	...	...	...	...	...	433 117	58 067
12	大正元	50 577 000	1 737 674	1 037 016	268 025	123 902	700 658	147 545	...	...	...	...	...	430 422	59 143
13	2	51 305 000	1 757 441	1 027 257	267 281	124 213	730 184	147 769	...	...	...	...	...	431 287	59 536
14	3	52 039 000	1 808 402	1 101 815	286 678	125 745	706 587	145 692	...	...	...	...	...	452 932	59 992
15	4	52 752 000	1 799 326	1 093 793	288 634	125 337	705 533	141 301	...	...	...	...	...	445 210	59 943
16	5	53 496 000	1 804 822	1 187 832	307 283	132 000	616 990	139 998	...	...	...	...	...	433 680	60 254
17	6	54 134 000	1 812 413	1 199 669	313 872	139 717	612 744	140 328	...	...	...	...	...	447 970	55 812
18	7	54 739 000	1 791 992	1 493 162	337 919	145 710	298 830	142 507	...	...	...	...	...	500 580	56 474
19	8	55 033 000	1 778 685	1 281 965	303 202	129 072	496 720	132 939	...	...	...	...	...	480 136	56 812
1920	9 *	55 963 053	2 025 564	1 422 096	335 613	139 681	603 468	144 038	...	...	...	...	...	546 207	55 511
21	10	56 665 900	1 990 876	1 288 570	335 143	136 342	702 306	138 301	...	...	...	...	...	519 217	53 402
22	11	57 390 100	1 969 314	1 286 941	327 604	132 856	682 373	132 244	...	...	...	...	...	515 916	53 053
23	12	58 119 200	2 043 297	1 332 485	333 930	135 504	710 812	133 863	...	...	...	...	...	512 689	51 212
24	13	58 875 600	1 998 520	1 254 946	312 267	126 385	743 574	125 839	...	...	...	...	...	513 130	51 770
25	14 *	59 736 822	2 086 091	1 210 706	297 008	121 238	875 385	124 043	...	...	...	...	...	521 438	51 687
26	昭和元	60 740 900	2 104 405	1 160 734	289 275	119 642	943 671	124 038	...	...	...	...	...	502 847	50 119
27	2	61 659 300	2 060 737	1 214 323	292 084	116 240	846 414	116 922	...	...	...	...	...	487 850	50 626
28	3	62 595 300	2 135 852	1 236 711	293 881	115 682	899 141	120 191	...	...	...	...	...	499 555	49 119
29	4	63 460 600	2 077 026	1 261 228	295 178	115 009	815 798	116 971	...	...	...	...	...	497 410	51 222
1930	5 *	64 450 005	2 085 101	1 170 867	258 703	104 101	914 234	117 730	...	...	...	...	...	506 674	51 259
31	6	65 457 500	2 102 784	1 240 891	276 584	108 812	861 893	116 509	...	...	...	...	...	496 574	50 609
32	7	66 433 800	2 182 742	1 175 344	256 505	104 573	1 007 398	119 579	...	...	...	...	...	515 270	51 437
33	8	67 431 600	2 121 253	1 193 987	257 251	102 887	927 266	114 138	...	...	...	...	...	486 058	49 282
34	9	68 308 900	2 043 783	1 234 684	255 063	103 408	809 099	113 043	...	...	...	...	...	512 654	48 610
35	10 *	69 254 148	2 190 704	1 161 936	233 706	97 994	1 028 768	115 593	...	...	...	...	...	556 730	48 528
36	11	70 113 600	2 101 969	1 230 278	245 357	101 043	871 691	111 056	...	...	...	...	...	549 116	46 167
37	12	70 630 400	2 180 734	1 207 899	230 701	95 465	972 835	111 485	...	...	...	...	...	674 500	46 500
38	13	71 012 600	1 928 321	1 259 805	220 695	89 159	668 516	99 528	...	...	...	...	...	538 831	44 656
39	14	71 379 700	1 901 573	1 268 760	202 018	84 204	632 813	98 349	...	...	...	...	...	554 321	45 970
1940	15	71 933 000	2 115 867	1 186 595	190 509	81 869	929 272	102 034	...	...	...	...	...	666 575	48 556
41	16	71 680 200	2 277 283	1 149 559	191 420	77 829	1 127 724	103 400	...	...	...	...	...	791 625	49 424
42	17	72 384 500	2 233 660	1 166 630	190 897	76 177	1 067 030	95 448	...	...	...	...	...	679 044	46 268
43	18	72 883 100	2 253 535	1 213 811	195 219	76 588	1 039 724	92 889	...	...	...	...	...	743 842	49 705
47	22 *	78 101 473	2 678 792	1 138 238	205 360	84 204	1 540 554	123 837	...	...	...	...	...	934 170	79 551
48	23	80 002 500	2 681 624	950 610	165 406	73 855	1 731 014	143 963	104 325	31 055	...	...	...	953 999	79 032
49	24	81 772 600	2 696 638	945 444	168 467	72 432	1 751 194	192 677	114 161	75 585	...	...	...	842 170	82 575
1950	25 *	83 199 637	2 337 507	904 876	140 515	64 142	1 432 631	216 974	106 594	110 380	...	...	35 184	715 081	83 689
51	26	84 573 000	2 137 689	838 998	122 869	58 686	1 298 691	217 231	101 237	115 994	...	...	32 644	671 905	82 331
52	27	85 852 000	2 005 162	765 068	99 114	51 015	1 240 094	203 824	94 508	109 316	...	...	28 741	676 995	79 021
53	28	87 033 000	1 868 040	772 547	91 424	47 580	1 095 493	193 274	89 751	103 523	...	...	26 737	682 077	75 255
54	29	88 293 000	1 769 580	721 491	78 944	42 726	1 048 089	187 119	87 201	99 918	...	...	24 274	697 809	76 759
55	30 *	89 275 529	1 730 692	693 523	68 801	38 646	1 037 169	183 265	85 159	98 106	...	...	22 621	714 861	75 267
56	31	90 259 000	1 665 278	724 460	67 691	38 232	940 818	179 007	86 558	92 449	...	...	22 505	715 934	72 040
57	32	91 088 000	1 566 713	752 445	62 678	33 847	814 268	176 353	86 895	89 458	...	...	19 608	773 362	71 651
58	33	92 010 000	1 653 469	684 189	57 052	32 237	969 280	185 148	92 282	92 866	...	...	19 240	826 902	74 004
59	34	92 971 000	1 626 088	689 959	54 768	30 235	936 129	181 893	92 688	89 205	...	...	18 418	847 135	72 455

注： 1 ） 昭和 19 ～ 21 年は資料不備のため省略した。昭和 22 ～ 47 年は沖縄県を含まない。
　　 2 ） ＊印は国勢調査人口。明治 32 ～大正 8 年は内地人、大正 9 ～昭和 41 年までは総人口、42 年以降は日本人人口。
　　　　 大正 10 ～昭和 24 年は百の位未満は四捨五入、昭和 26 年以降は千の位未満四捨五入。
　　 3 ） 昭和 18 年以前は 1 か月未満の死亡である。また、昭和 18 年は樺太を含む。
　　 4 ） 昭和 23・24 年の死産総数には自然死産・人工死産の不詳を含む。また、自然死産・人工死産の数、率は概数である。
　　 5 ） 出生数に死産数を加えたものである。
　　 6 ） 出生数に妊娠満 22 週以後の死産数を加えたものである。

総　覧，年　次　別

出生率 (人口千対)	合計特殊出生率	死亡率 (人口千対)	乳児死亡率 (出生千対)	新生児死亡率 (出生千対)	自然増減率 (人口千対)	死産率[4] (出産[5]千対)			周産期死亡率 (出産[6]千対)	妊娠満22週以後の死産率 (出産[6]千対)	早期新生児死亡率 (出生千対)	婚姻率 (人口千対)	離婚率 (人口千対)	年齢調整死亡率 (人口千対)		年　次
						総数	自然死産	人工死産						男	女	
32.0	...	21.5	153.8	77.9	10.5	89.1	...	...	...	...	...	6.9	1.53	...	...	明治32
32.4	...	20.8	155.0	79.0	11.6	88.5	...	...	...	...	...	7.9	1.46	...	...	33
33.9	...	20.9	149.9	77.1	13.0	93.8	...	...	...	...	...	8.5	1.43	...	...	34
33.6	...	21.3	154.0	77.2	12.3	94.5	...	...	...	...	...	8.8	1.43	...	...	35
32.7	...	20.4	152.4	75.8	12.3	93.6	...	...	...	...	...	8.1	1.44	...	...	36
31.2	...	20.7	151.9	73.9	10.5	92.6	...	...	...	...	...	8.6	1.39	...	...	37
31.2	...	21.6	151.7	71.2	9.6	89.1	...	...	...	...	...	7.5	1.29	...	...	38
29.6	...	20.3	153.6	75.5	9.3	97.0	...	...	...	...	...	7.5	1.39	...	...	39
34.0	...	21.4	151.3	73.5	12.6	89.6	...	...	...	...	...	9.1	1.29	...	...	40
34.7	...	21.5	158.0	74.5	13.2	89.1	...	...	...	...	...	9.6	1.26	...	...	41
34.9	...	22.5	167.3	76.5	12.4	87.1	...	...	...	...	...	9.0	1.21	...	...	42
34.8	...	21.6	161.2	74.1	13.2	84.2	...	...	...	...	...	9.0	1.21	...	...	43
35.1	...	20.9	158.4	72.8	14.1	81.6	...	...	...	...	...	8.7	1.16	...	...	44
34.4	...	20.5	154.2	71.3	13.9	78.3	...	...	...	...	...	8.5	1.17	...	...	大正元
34.3	...	20.0	152.1	70.7	14.2	77.6	...	...	...	...	...	8.4	1.16	...	...	2
34.8	...	21.2	158.5	69.5	13.6	74.6	...	...	...	...	...	8.7	1.15	...	...	3
34.1	...	20.7	160.4	69.7	13.4	72.8	...	...	...	...	...	8.4	1.14	...	...	4
33.7	...	22.2	170.3	73.1	11.5	72.0	...	...	...	...	...	8.1	1.13	...	...	5
33.5	...	22.2	173.2	77.1	11.3	71.9	...	...	...	...	...	8.3	1.03	...	...	6
32.7	...	27.3	188.6	81.3	5.5	73.7	...	...	...	...	...	9.1	1.03	...	...	7
32.3	...	23.3	170.5	72.6	9.0	69.5	...	...	...	...	...	8.7	1.03	...	...	8
36.2	...	25.4	165.7	69.0	10.8	66.4	...	...	...	...	...	9.8	0.99	...	...	9
35.1	...	22.7	168.3	68.5	12.4	65.0	...	...	...	...	...	9.2	0.94	...	...	10
34.3	...	22.4	166.4	67.5	11.9	62.9	...	...	...	...	...	9.0	0.92	...	...	11
35.2	...	22.9	163.4	66.3	12.2	61.5	...	...	...	...	...	8.8	0.88	...	...	12
33.9	...	21.3	156.2	63.2	12.6	59.2	...	...	...	...	...	8.7	0.88	...	...	13
34.9	...	20.3	142.4	58.1	14.7	56.3	...	...	...	...	...	8.7	0.87	...	...	14
34.6	...	19.1	137.5	56.9	15.5	55.7	...	...	...	...	...	8.3	0.83	...	...	昭和元
33.4	...	19.7	141.7	56.4	13.7	53.7	...	...	...	...	...	7.9	0.82	...	...	2
34.1	...	19.8	137.6	54.2	14.4	53.3	...	...	...	...	...	8.0	0.78	...	...	3
32.7	...	19.9	142.1	55.4	12.9	53.3	...	...	...	...	...	7.8	0.81	...	...	4
32.4	...	18.2	124.1	49.9	14.2	53.4	...	...	...	...	...	7.9	0.80	...	...	5
32.1	...	19.0	131.5	51.7	13.2	52.5	...	...	...	...	...	7.6	0.77	...	...	6
32.9	...	17.7	117.5	47.9	15.2	51.9	...	...	...	...	...	7.8	0.77	...	...	7
31.5	...	17.7	121.3	48.5	13.8	51.1	...	...	...	...	...	7.2	0.73	...	...	8
29.9	...	18.1	124.8	50.6	11.8	52.4	...	...	...	...	...	7.5	0.71	...	...	9
31.6	...	16.8	106.7	44.7	14.9	50.1	...	...	...	...	...	8.0	0.70	...	...	10
30.0	...	17.5	116.7	48.1	12.4	50.2	...	...	...	...	...	9.5	0.66	...	...	11
30.9	...	17.1	105.8	43.8	13.8	48.6	...	...	...	...	...	7.6	0.66	...	...	12
27.2	...	17.7	114.4	46.2	9.4	49.1	...	...	...	...	...	7.8	0.63	...	...	13
26.6	...	17.8	106.2	44.3	8.9	49.2	...	...	...	...	...	7.8	0.64	...	...	14
29.4	...	16.5	90.0	38.7	12.9	46.0	...	...	...	...	...	9.3	0.68	...	...	15
31.8	...	16.0	84.1	34.2	15.7	43.4	...	...	...	...	...	11.0	0.69	...	...	16
30.9	...	16.1	85.5	34.1	14.7	41.0	...	...	...	...	...	9.4	0.64	...	...	17
30.9	...	16.7	86.6	33.8	14.3	39.6	...	...	...	...	...	10.2	0.68	...	...	18
34.3	4.54	14.6	76.7	31.4	19.7	44.2	...	...	...	...	...	12.0	1.02	23.6	18.3	22
33.5	4.40	11.9	61.7	27.5	21.6	50.9	36.9	10.9	...	...	...	11.9	0.99	19.3	15.4	23
33.0	4.32	11.6	62.5	26.9	21.4	66.7	39.1	25.9	...	...	...	10.3	1.01	18.9	15.0	24
28.1	3.65	10.9	60.1	27.4	17.2	84.9	41.7	43.2	...	...	15.1	8.6	1.01	18.6	14.6	25
25.3	3.26	9.9	57.5	27.5	15.4	92.2	43.0	49.3	...	...	15.3	7.9	0.97	16.9	13.4	26
23.4	2.98	8.9	49.4	25.4	14.4	92.3	42.8	49.5	...	...	14.3	7.9	0.92	15.7	12.4	27
21.5	2.69	8.9	48.9	25.5	12.6	93.8	43.5	50.2	...	...	14.3	7.8	0.86	16.4	12.6	28
20.0	2.48	8.2	44.6	24.1	11.9	95.6	44.6	51.1	...	...	13.7	7.9	0.87	15.2	11.3	29
19.4	2.37	7.8	39.8	22.3	11.6	95.8	44.5	51.3	...	...	13.1	8.0	0.84	14.8	11.0	30
18.4	2.22	8.0	40.6	23.0	10.4	97.1	46.9	50.1	...	...	13.5	7.9	0.80	15.6	11.5	31
17.2	2.04	8.3	40.0	21.6	8.9	101.2	49.9	51.3	...	...	12.5	8.5	0.79	16.3	11.8	32
18.0	2.11	7.4	34.5	19.5	10.5	100.7	50.2	50.5	...	...	11.6	9.0	0.80	14.4	10.4	33
17.5	2.04	7.4	33.7	18.6	10.1	100.6	51.3	49.3	...	...	11.3	9.1	0.78	14.4	10.2	34

第 1 表 人 口 動 態

年次[1]		人口[2]	出生数	死亡数	(再掲) 乳児死亡数 (1歳未満)	新生児[3] 死亡数 (生後4週未満)	自然増減数	死産数[4] 総数	自然死産	人工死産	周産期死亡数 総数	妊娠満22週以後の死産数	早期新生児死亡数 (生後1週未満)	婚姻件数	離婚件数
1960	昭和35 *	93 418 501	1 606 041	706 599	49 293	27 362	899 442	179 281	93 424	85 857	...	...	17 040	866 115	69 410
61	36	94 285 000	1 589 372	695 644	45 465	26 255	893 728	179 895	96 032	83 863	...	...	16 879	890 158	69 323
62	37	95 178 000	1 618 616	710 265	42 797	24 777	908 351	177 363	97 256	80 107	...	...	16 242	928 341	71 394
63	38	96 156 000	1 659 521	670 770	38 442	22 965	988 751	175 424	97 711	77 713	...	...	15 285	937 516	69 996
64	39	97 186 000	1 716 761	673 067	34 967	21 344	1 043 694	168 046	97 357	70 689	...	...	14 676	963 130	72 306
65	40 *	98 274 961	1 823 697	700 438	33 742	21 260	1 123 259	161 617	94 476	67 141	...	...	14 949	954 852	77 195
66	41	99 056 000	1 360 974	670 342	26 217	16 296	690 632	148 248	83 253	64 995	...	...	11 765	940 120	79 432
67	42	99 637 000	1 935 647	675 006	28 928	19 248	1 260 641	149 389	90 938	58 451	...	...	14 108	953 096	83 478
68	43	100 794 000	1 871 839	686 555	28 600	18 326	1 185 284	143 259	87 381	55 878	...	...	13 693	956 312	87 327
69	44	102 022 000	1 889 815	693 787	26 874	17 116	1 196 028	139 211	85 788	53 423	...	...	12 810	984 142	91 280
1970	45 *	103 119 447	1 934 239	712 962	25 412	16 742	1 221 277	135 095	84 073	51 022	...	...	12 810	1 029 405	95 937
71	46	104 345 000	2 000 973	684 521	24 805	16 450	1 316 452	130 920	83 827	47 093	...	...	12 665	1 091 229	103 595
72	47	105 742 000	2 038 682	683 751	23 773	15 817	1 354 931	125 154	81 741	43 413	...	...	12 425	1 099 984	108 382
73	48	108 079 000	2 091 983	709 416	23 683	15 473	1 382 567	116 171	78 613	37 558	...	...	12 156	1 071 923	111 877
74	49	109 410 000	2 029 989	710 510	21 888	14 472	1 319 479	109 738	74 618	35 120	...	...	11 394	1 000 455	113 622
75	50 *	111 251 507	1 901 440	702 275	19 103	12 912	1 199 165	101 862	67 643	34 219	...	...	10 245	941 628	119 135
76	51	112 420 000	1 832 617	703 270	17 105	11 638	1 129 347	101 930	64 046	37 884	...	...	9 392	871 543	124 512
77	52	113 499 000	1 755 100	690 074	15 666	10 773	1 065 026	95 247	60 330	34 917	...	...	8 686	821 029	129 485
78	53	114 511 000	1 708 643	695 821	14 327	9 628	1 012 822	87 463	55 818	31 645	...	...	7 701	793 257	132 146
79	54	115 465 000	1 642 580	689 664	12 923	8 590	952 916	82 311	51 083	31 228	36 190	29 289	6 901	788 505	135 250
1980	55 *	116 320 358	1 576 889	722 801	11 841	7 796	854 088	77 446	47 651	29 795	32 422	26 268	6 154	774 702	141 689
81	56	117 204 000	1 529 455	720 262	10 891	7 188	809 193	79 222	46 296	32 926	30 274	24 672	5 602	776 531	154 221
82	57	118 008 000	1 515 392	711 883	9 969	6 425	803 509	78 107	44 135	33 972	28 204	23 137	5 067	781 252	163 980
83	58	118 786 000	1 508 687	740 038	9 406	5 894	768 649	71 941	40 108	31 833	25 925	21 354	4 571	762 552	179 150
84	59	119 523 000	1 489 780	740 247	8 920	5 527	749 533	72 361	37 976	34 385	25 149	20 875	4 274	739 991	178 746
85	60 *	120 265 700	1 431 577	752 283	7 899	4 910	679 294	69 009	33 114	35 895	22 379	18 642	3 737	735 850	166 640
86	61	120 946 000	1 382 946	750 620	7 251	4 296	632 326	65 678	31 050	34 628	20 389	17 143	3 246	710 962	166 054
87	62	121 535 000	1 346 658	751 172	6 711	3 933	595 486	63 834	29 956	33 878	18 699	15 634	3 065	696 173	158 227
88	63	122 026 000	1 314 006	793 014	6 265	3 592	520 992	59 636	26 804	32 832	16 839	14 090	2 749	707 716	153 600
89	平成元	122 460 000	1 246 802	788 594	5 724	3 214	458 208	55 204	24 558	30 646	15 183	12 797	2 386	708 316	157 811
1990	2 *	122 721 397	1 221 585	820 305	5 616	3 179	401 280	53 892	23 383	30 509	13 704	11 367	2 337	722 138	157 608
91	3	123 102 000	1 223 245	829 797	5 418	2 978	393 448	50 510	22 317	28 193	10 426	8 258	2 168	742 264	168 969
92	4	123 476 000	1 208 989	856 643	5 477	2 905	352 346	48 896	21 689	27 207	9 888	7 758	2 130	754 441	179 191
93	5	123 788 000	1 188 282	878 532	5 169	2 765	309 750	45 090	20 205	24 885	9 226	7 191	2 035	792 658	188 297
94	6	124 069 000	1 238 328	875 933	5 261	2 889	362 395	42 962	19 754	23 208	9 286	7 200	2 086	782 738	195 106
95	7 *	124 298 947	1 187 064	922 139	5 054	2 615	264 925	39 403	18 262	21 141	8 412	6 580	1 832	791 888	199 016
96	8	124 709 000	1 206 555	896 211	4 546	2 438	310 344	39 536	18 329	21 207	8 080	6 333	1 747	795 080	206 955
97	9	124 963 000	1 191 665	913 402	4 403	2 307	278 263	39 546	17 453	22 093	7 624	6 009	1 615	775 651	222 635
98	10	125 252 000	1 203 147	936 484	4 380	2 353	266 663	38 988	16 936	22 052	7 447	5 804	1 643	784 595	243 183
99	11	125 432 000	1 177 669	982 031	4 010	2 137	195 638	38 452	16 711	21 741	7 102	5 567	1 535	762 028	250 529
2000	12 *	125 612 633	1 190 547	961 653	3 830	2 106	228 894	38 393	16 200	22 193	6 881	5 362	1 519	798 138	264 246
01	13	125 908 000	1 170 662	970 331	3 599	1 909	200 331	37 467	15 704	21 763	6 476	5 114	1 362	799 999	285 911
02	14	126 008 000	1 153 855	982 379	3 497	1 937	171 476	36 978	15 161	21 817	6 333	4 959	1 374	757 331	289 836
03	15	126 139 000	1 123 610	1 014 951	3 364	1 879	108 659	35 330	14 644	20 686	5 929	4 626	1 303	740 191	283 854
04	16	126 176 000	1 110 721	1 028 602	3 122	1 622	82 119	34 365	14 288	20 077	5 541	4 357	1 184	720 417	270 804
05	17 *	126 204 902	1 062 530	1 083 796	2 958	1 510	△ 21 266	31 818	13 502	18 316	5 149	4 058	1 091	714 265	261 917
06	18	126 154 000	1 092 674	1 084 450	2 864	1 444	△ 8 224	30 911	13 424	17 487	5 100	4 047	1 053	730 971	257 475
07	19	126 085 000	1 089 818	1 108 334	2 828	1 434	△ 18 516	29 313	13 107	16 206	4 906	3 854	1 052	719 822	254 832
08	20	125 947 000	1 091 156	1 142 407	2 798	1 331	△ 51 251	28 177	12 625	15 552	4 720	3 751	969	726 106	251 136
09	21	125 820 000	1 070 035	1 141 865	2 556	1 254	△ 71 830	27 005	12 214	14 791	4 519	3 645	874	707 734	253 353
2010	22 *	126 381 728	1 071 304	1 197 012	2 450	1 167	△ 125 708	26 560	12 245	14 315	4 515	3 637	878	700 214	251 378
11	23	126 180 000	1 050 806	1 253 066	2 463	1 147	△ 202 260	25 751	11 940	13 811	4 315	3 491	824	661 895	235 719
12	24	125 957 000	1 037 231	1 256 359	2 299	1 065	△ 219 128	24 800	11 448	13 352	4 133	3 343	790	668 869	235 406
13	25	125 704 000	1 029 816	1 268 436	2 185	1 026	△ 238 620	24 102	10 938	13 164	3 862	3 110	752	660 613	231 383
14	26	125 431 000	1 003 539	1 273 004	2 080	952	△ 269 465	23 524	10 905	12 619	3 750	3 039	711	643 749	222 107
15	27 *	125 319 299	1 005 677	1 290 444	1 916	902	△ 284 767	22 617	10 862	11 755	3 728	3 063	665	635 156	226 215
16	28	125 020 252	976 978	1 307 748	1 928	874	△ 330 770	20 934	10 067	10 867	3 516	2 840	676	620 531	216 798

総　覧，年　次　別　（つづき）

出生率 (人口千対)	合計特殊出生率	死亡率 (人口千対)	乳児死亡率 (出生千対)	新生児死亡率 (出生千対)	自然増減率 (人口千対)	死産率 4) (出産 5) 千対)			周産期死亡率 (出産6) 千対)	妊娠満22週以後の死産率 (出産6) 千対)	早期新生児死亡率 (出生千対)	婚姻率 (人口千対)	離婚率 (人口千対)	年齢調整死亡率 (人口千対)		年次
						総数	自然死産	人工死産						男	女	
17.2	2.00	7.6	30.7	17.0	9.6	100.4	52.3	48.1	...	...	10.6	9.3	0.74	14.8	10.4	昭和35
16.9	1.96	7.4	28.6	16.5	9.5	101.7	54.3	47.4	...	...	10.6	9.4	0.74	14.3	10.0	36
17.0	1.98	7.5	26.4	15.3	9.5	98.8	54.2	44.6	...	...	10.0	9.8	0.75	14.6	10.0	37
17.3	2.00	7.0	23.2	13.8	10.3	95.6	53.3	42.4	...	...	9.2	9.7	0.73	13.4	9.3	38
17.7	2.05	6.9	20.4	12.4	10.7	89.2	51.7	37.5	...	...	8.5	9.9	0.74	13.2	9.1	39
18.6	2.14	7.1	18.5	11.7	11.4	81.4	47.6	33.8	...	...	8.2	9.7	0.79	13.7	9.3	40
13.7	1.58	6.8	19.3	12.0	7.0	98.2	55.2	43.1	...	...	8.6	9.5	0.80	12.7	8.7	41
19.4	2.23	6.8	14.9	9.9	12.7	71.6	43.6	28.0	...	...	7.3	9.6	0.84	12.6	8.5	42
18.6	2.13	6.8	15.3	9.8	11.8	71.1	43.4	27.7	...	...	7.3	9.5	0.87	12.5	8.4	43
18.5	2.13	6.8	14.2	9.1	11.7	68.6	42.3	26.3	...	...	6.8	9.6	0.89	12.4	8.2	44
18.8	2.13	6.9	13.1	8.7	11.8	65.3	40.6	24.7	...	...	6.6	10.0	0.93	12.3	8.2	45
19.2	2.16	6.6	12.4	8.2	12.6	61.4	39.3	22.1	...	...	6.3	10.5	0.99	11.5	7.6	46
19.3	2.14	6.5	11.7	7.8	12.8	57.8	37.8	20.1	...	...	6.1	10.4	1.02	11.2	7.4	47
19.4	2.14	6.6	11.3	7.4	12.8	52.6	35.6	17.0	...	...	5.8	9.9	1.04	11.2	7.4	48
18.6	2.05	6.5	10.8	7.1	12.1	51.3	34.9	16.4	...	...	5.6	9.1	1.04	10.9	7.2	49
17.1	1.91	6.3	10.0	6.8	10.8	50.8	33.8	17.1	...	...	5.4	8.5	1.07	10.4	6.9	50
16.3	1.85	6.3	9.3	6.4	10.0	52.7	33.1	19.6	...	...	5.1	7.8	1.11	10.1	6.6	51
15.5	1.80	6.1	8.9	6.1	9.4	51.5	32.6	18.9	...	...	4.9	7.2	1.14	9.6	6.2	52
14.9	1.79	6.1	8.4	5.6	8.8	48.7	31.1	17.6	...	...	4.5	6.9	1.15	9.4	6.0	53
14.2	1.77	6.0	7.9	5.2	8.3	47.7	29.6	18.1	21.6	17.5	4.2	6.8	1.17	9.0	5.7	54
13.6	1.75	6.2	7.5	4.9	7.3	46.8	28.8	18.0	20.2	16.4	3.9	6.7	1.22	9.2	5.8	55
13.0	1.74	6.1	7.1	4.7	6.9	49.2	28.8	20.5	19.5	15.9	3.7	6.6	1.32	8.9	5.6	56
12.8	1.77	6.0	6.6	4.2	6.8	49.0	27.7	21.3	18.3	15.0	3.3	6.6	1.39	8.5	5.2	57
12.7	1.80	6.2	6.2	3.9	6.5	45.5	25.4	20.1	16.9	14.0	3.0	6.4	1.51	8.6	5.2	58
12.5	1.81	6.2	6.0	3.7	6.3	46.3	24.3	22.0	16.6	13.8	2.9	6.2	1.50	8.3	5.0	59
11.9	1.76	6.3	5.5	3.4	5.6	46.0	22.1	23.9	15.4	12.9	2.6	6.1	1.39	8.1	4.8	60
11.4	1.72	6.2	5.2	3.1	5.2	45.3	21.4	23.9	14.6	12.2	2.3	5.9	1.37	7.8	4.6	61
11.1	1.69	6.2	5.0	2.9	4.9	45.3	21.2	24.0	13.7	11.5	2.3	5.7	1.30	7.6	4.4	62
10.8	1.66	6.5	4.8	2.7	4.3	43.4	19.5	23.9	12.7	10.6	2.1	5.8	1.26	7.7	4.5	63
10.2	1.57	6.4	4.6	2.6	3.7	42.4	18.9	23.5	12.1	10.2	1.9	5.8	1.29	7.4	4.2	平成元
10.0	1.54	6.7	4.6	2.6	3.3	42.3	18.3	23.9	11.1	9.2	1.9	5.9	1.28	7.5	4.2	2
9.9	1.53	6.7	4.4	2.4	3.2	39.7	17.5	22.1	8.5	6.7	1.8	6.0	1.37	7.4	4.1	3
9.8	1.50	6.9	4.5	2.4	2.9	38.9	17.2	21.6	8.1	6.4	1.8	6.1	1.45	7.4	4.0	4
9.6	1.46	7.1	4.3	2.3	2.5	36.6	16.4	20.2	7.7	6.0	1.7	6.4	1.52	7.3	4.0	5
10.0	1.50	7.1	4.2	2.3	2.9	33.5	15.4	18.1	7.5	5.8	1.7	6.3	1.57	7.1	3.8	6
9.6	1.42	7.4	4.3	2.2	2.1	32.1	14.9	17.2	7.0	5.5	1.5	6.4	1.60	7.2	3.8	7
9.7	1.43	7.2	3.8	2.0	2.5	31.7	14.7	17.0	6.7	5.2	1.4	6.2	1.66	6.8	3.6	8
9.5	1.39	7.3	3.7	1.9	2.2	32.1	14.2	17.9	6.4	5.0	1.4	6.3	1.78	6.7	3.5	9
9.6	1.38	7.5	3.6	2.0	2.1	31.4	13.6	17.8	6.2	4.8	1.4	6.3	1.94	6.6	3.4	10
9.4	1.34	7.8	3.4	1.8	1.6	31.6	13.7	17.9	6.0	4.7	1.3	6.1	2.00	6.7	3.4	11
9.5	1.36	7.7	3.2	1.8	1.8	31.2	13.2	18.1	5.8	4.5	1.3	6.4	2.10	6.3	3.2	12
9.3	1.33	7.7	3.1	1.6	1.6	31.0	13.0	18.0	5.5	4.3	1.2	6.4	2.27	6.2	3.1	13
9.2	1.32	7.8	3.0	1.7	1.4	31.1	12.7	18.3	5.5	4.3	1.2	6.0	2.30	6.0	3.0	14
8.9	1.29	8.0	3.0	1.7	0.9	30.5	12.6	17.8	5.3	4.1	1.2	5.9	2.25	6.0	3.0	15
8.8	1.29	8.2	2.8	1.5	0.7	30.0	12.5	17.5	5.0	3.9	1.1	5.7	2.15	5.9	3.0	16
8.4	1.26	8.6	2.8	1.4	△0.2	29.1	12.3	16.7	4.8	3.8	1.0	5.7	2.08	5.9	3.0	17
8.7	1.32	8.6	2.6	1.3	0.1	27.5	11.9	15.6	4.7	3.7	1.0	5.8	2.04	5.7	2.9	18
8.6	1.34	8.8	2.6	1.3	△0.1	26.2	11.7	14.5	4.5	3.5	1.0	5.7	2.02	5.6	2.8	19
8.7	1.37	9.1	2.6	1.2	△0.4	25.2	11.3	13.9	4.3	3.4	0.9	5.8	1.99	5.6	2.8	20
8.5	1.37	9.1	2.4	1.2	△0.6	24.6	11.1	13.5	4.2	3.4	0.8	5.6	2.01	5.4	2.7	21
8.5	1.39	9.5	2.3	1.1	△1.0	24.2	11.2	13.0	4.2	3.4	0.8	5.5	1.99	5.4	2.7	22
8.3	1.39	9.9	2.3	1.1	△1.6	23.9	11.1	12.8	4.1	3.3	0.8	5.2	1.87	5.5	2.9	23
8.2	1.41	10.0	2.2	1.0	△1.7	23.4	10.8	12.6	4.0	3.2	0.8	5.3	1.87	5.2	2.7	24
8.2	1.43	10.1	2.1	1.0	△1.9	22.9	10.4	12.5	3.7	3.0	0.7	5.3	1.84	5.1	2.7	25
8.0	1.42	10.1	2.1	0.9	△2.1	22.9	10.6	12.3	3.7	3.0	0.7	5.1	1.77	5.0	2.6	26
8.0	1.45	10.3	1.9	0.9	△2.3	22.0	10.6	11.4	3.7	3.0	0.7	5.1	1.81	4.9	2.5	27
7.8	1.44	10.5	2.0	0.9	△2.6	21.0	10.1	10.9	3.6	2.9	0.7	5.0	1.73	4.8	2.5	28

第 2 表 人 口 動 態 総 覧，

都道府県[1]	人　口	出生数	死亡数	(再掲) 乳児死亡数 (1歳未満)	(再掲) 新生児死亡数 (生後4週未満)	自然増減数	死産数 総数	死産数 自然死産	死産数 人工死産	周産期死亡数 総数	周産期死亡数 妊娠満22週以後の死産数	周産期死亡数 早期新生児死亡数 (生後1週未満)	婚姻件数	離婚件数
全　　国	125 020 252	976 978	1 307 748	1 928	874	△ 330 770	20 934	10 067	10 867	3 516	2 840	676	620 531	216 79
北 海 道	5 327 000	35 125	61 906	76	33	△ 26 781	901	345	556	117	89	28	24 636	10 47
青　　森	1 290 000	8 626	17 309	18	8	△ 8 683	183	81	102	26	20	6	5 135	2 16
岩　　手	1 263 000	8 341	16 959	17	7	△ 8 618	184	95	89	32	28	4	4 872	1 87
宮　　城	2 314 000	17 347	23 426	40	24	△ 6 079	402	174	228	64	44	20	11 127	3 78
秋　　田	1 007 000	5 666	15 244	13	6	△ 9 578	133	73	60	26	21	5	3 510	1 39
山　　形	1 107 000	7 547	15 181	24	17	△ 7 634	165	83	82	33	24	9	4 284	1 52
福　　島	1 891 000	13 744	24 166	27	12	△ 10 422	306	170	136	63	56	7	8 682	3 27
茨　　城	2 861 000	20 878	31 414	40	21	△ 10 536	423	208	215	83	70	13	13 201	4 81
栃　　木	1 939 000	14 621	21 436	26	12	△ 6 815	321	147	174	46	34	12	9 321	3 42
群　　馬	1 926 000	13 661	22 125	22	12	△ 8 464	330	163	167	48	38	10	8 444	3 24
埼　　玉	7 169 000	54 447	63 466	118	52	△ 9 019	1 181	575	606	185	145	40	34 199	12 48
千　　葉	6 137 000	45 387	56 396	95	45	△ 11 009	1 001	546	455	188	154	34	29 610	10 61
東　　京	13 207 000	111 962	113 415	222	97	△ 1 453	2 365	1 131	1 234	402	322	80	86 009	23 47
神 奈 川	8 986 000	70 648	77 361	147	80	△ 6 713	1 400	665	735	258	196	62	46 695	15 67
新　　潟	2 273 000	15 736	28 822	20	9	△ 13 086	320	175	145	59	54	5	9 311	2 98
富　　山	1 049 000	7 302	12 864	16	12	△ 5 562	152	84	68	29	20	9	4 486	1 36
石　　川	1 140 000	8 927	12 422	19	7	△ 3 495	159	85	74	24	18	6	5 126	1 65
福　　井	772 000	6 112	9 228	16	8	△ 3 116	146	70	76	26	18	8	3 453	1 11
山　　梨	818 000	5 819	9 565	10	4	△ 3 746	101	52	49	15	12	3	3 673	1 36
長　　野	2 060 000	15 169	25 110	29	16	△ 9 941	312	178	134	56	41	15	8 967	3 18
岐　　阜	1 985 000	14 831	22 471	35	19	△ 7 640	289	154	135	55	40	15	8 581	3 05
静　　岡	3 623 000	27 652	39 294	46	23	△ 11 642	538	288	250	115	99	16	17 079	6 23
愛　　知	7 324 000	64 226	65 227	117	57	△ 1 001	1 182	615	567	237	192	45	40 671	12 46
三　　重	1 775 000	13 202	19 830	22	12	△ 6 628	272	143	129	75	67	8	8 174	2 92
滋　　賀	1 392 000	12 072	12 507	20	10	△ 435	213	101	112	29	21	8	6 822	2 20
京　　都	2 559 000	19 327	25 830	41	21	△ 6 503	401	190	211	70	53	17	12 143	4 22
大　　阪	8 672 000	68 816	84 390	111	46	△ 15 574	1 480	670	810	239	205	34	46 186	17 27
兵　　庫	5 438 000	43 378	55 422	67	18	△ 12 044	856	414	442	120	104	16	25 808	9 30
奈　　良	1 347 000	9 430	14 054	30	12	△ 4 624	190	89	101	35	25	10	5 628	2 18
和 歌 山	949 000	6 658	12 619	12	3	△ 5 961	155	64	91	20	18	2	4 061	1 77
鳥　　取	566 000	4 436	7 357	13	8	△ 2 921	98	46	52	23	17	6	2 444	93
島　　根	684 000	5 300	9 562	11	4	△ 4 262	136	78	58	17	15	2	2 753	94
岡　　山	1 896 000	15 477	21 532	30	11	△ 6 055	325	147	178	61	50	11	8 916	3 24
広　　島	2 799 000	22 736	29 994	43	19	△ 7 258	501	249	252	84	72	12	13 594	4 69
山　　口	1 381 000	9 844	18 366	24	6	△ 8 522	195	103	92	43	39	4	5 906	2 14
徳　　島	746 000	5 346	9 855	16	6	△ 4 509	94	41	53	18	13	5	3 177	1 18
香　　川	964 000	7 510	11 908	8	4	△ 4 398	144	74	70	19	16	3	4 593	1 61
愛　　媛	1 366 000	9 911	17 734	16	2	△ 7 823	245	102	143	31	30	1	5 861	2 24
高　　知	718 000	4 779	10 305	9	2	△ 5 526	106	47	59	14	12	2	2 916	1 22
福　　岡	5 054 000	44 033	51 006	89	30	△ 6 973	1 018	450	568	149	123	26	26 567	9 77
佐　　賀	824 000	6 811	9 725	13	4	△ 2 914	135	51	84	17	14	3	3 726	1 37
長　　崎	1 358 000	10 886	17 071	19	12	△ 6 185	247	123	124	46	39	7	6 013	2 16
熊　　本	1 765 000	14 894	21 379	29	16	△ 6 485	396	176	220	48	38	10	7 976	2 91
大　　分	1 150 000	9 059	14 264	22	11	△ 5 205	221	86	135	32	22	10	5 151	1 99
宮　　崎	1 092 000	8 929	13 702	25	11	△ 4 773	240	99	141	31	23	8	5 097	2 20
鹿 児 島	1 630 000	13 688	21 610	32	9	△ 7 922	327	149	178	42	35	7	7 483	2 89
沖　　縄	1 427 000	16 617	11 706	31	14	4 911	434	213	221	63	52	11	8 464	3 70
外　　国	・	65	131	2	2	△ 66	10	4	6	2	1	1	・	
不　　詳	・	・	1 082	-	-	・	1	1	-	1	1	-	・	

注：1）都道府県の表章は、出生は子の住所、死亡は死亡者の住所、死産は母の住所、婚姻は夫の住所、離婚は別居する前の住所による。
　　2）出生数に死産数を加えたものである。
　　3）出生数に妊娠満22週以後の死産数を加えたものである。
資料：「人口推計（平成28年10月1日現在）」(総務省統計局)

都　道　府　県　別

平成 28 年

出生率 (人口千対)	合計特殊出生率	死亡率 (人口千対)	乳児死亡率 (出生千対)	新生児死亡率 (出生千対)	自然増減率 (人口千対)	死産率（出産²⁾千対）			周産期死亡率 (出産³⁾千対)	妊娠満22週以後の死産率 (出産³⁾千対)	早期新生児死亡率 (出生千対)	婚姻率 (人口千対)	離婚率 (人口千対)	都道府県
						総数	自然死産	人工死産						
7.8	1.44	10.5	2.0	0.9	△2.6	21.0	10.1	10.9	3.6	2.9	0.7	5.0	1.73	全　国
6.6	1.29	11.6	2.2	0.9	△5.0	25.0	9.6	15.4	3.3	2.5	0.8	4.6	1.97	北 海 道
6.7	1.48	13.4	2.1	0.9	△6.7	20.8	9.2	11.6	3.0	2.3	0.7	4.0	1.68	青　森
6.6	1.45	13.4	2.0	0.8	△6.8	21.6	11.1	10.4	3.8	3.3	0.5	3.9	1.49	岩　手
7.5	1.34	10.1	2.3	1.4	△2.6	22.6	9.8	12.8	3.7	2.5	1.2	4.8	1.63	宮　城
5.6	1.39	15.1	2.3	1.1	△9.5	22.9	12.6	10.3	4.6	3.7	0.9	3.5	1.38	秋　田
6.8	1.47	13.7	3.2	2.3	△6.9	21.4	10.8	10.6	4.4	3.2	1.2	3.9	1.37	山　形
7.3	1.59	12.8	2.0	0.9	△5.5	21.8	12.1	9.7	4.6	4.1	0.5	4.6	1.73	福　島
7.3	1.47	11.0	1.9	1.0	△3.7	19.9	9.8	10.1	4.0	3.3	0.6	4.6	1.68	茨　城
7.5	1.46	11.1	1.8	0.8	△3.5	21.5	9.8	11.6	3.1	2.3	0.8	4.8	1.77	栃　木
7.1	1.48	11.5	1.6	0.9	△4.4	23.6	11.7	11.9	3.5	2.8	0.7	4.4	1.68	群　馬
7.6	1.37	8.9	2.2	1.0	△1.3	21.2	10.3	10.9	3.4	2.7	0.7	4.8	1.74	埼　玉
7.4	1.35	9.2	2.1	1.0	△1.8	21.6	11.8	9.8	4.1	3.4	0.7	4.8	1.73	千　葉
8.5	1.24	8.6	2.0	0.9	△0.1	20.7	9.9	10.8	3.6	2.9	0.7	6.5	1.78	東　京
7.9	1.36	8.6	2.1	1.1	△0.7	19.4	9.2	10.2	3.6	2.8	0.9	5.2	1.74	神 奈 川
6.9	1.43	12.7	1.3	0.6	△5.8	19.9	10.9	9.0	3.7	3.4	0.3	4.1	1.31	新　潟
7.0	1.50	12.3	2.2	1.6	△5.3	20.4	11.3	9.1	4.0	2.7	1.2	4.3	1.30	富　山
7.8	1.53	10.9	2.1	0.8	△3.1	17.5	9.4	8.1	2.7	2.0	0.7	4.5	1.45	石　川
7.9	1.65	12.0	2.6	1.3	△4.0	23.3	11.2	12.1	4.2	2.9	1.3	4.5	1.45	福　井
7.1	1.51	11.7	1.7	0.7	△4.6	17.1	8.8	8.3	2.6	2.1	0.5	4.5	1.67	山　梨
7.4	1.59	12.2	1.9	1.1	△4.8	20.2	11.5	8.7	3.7	2.7	1.0	4.4	1.54	長　野
7.5	1.54	11.3	2.4	1.3	△3.8	19.1	10.2	8.9	3.7	2.7	1.0	4.3	1.54	岐　阜
7.6	1.55	10.8	1.7	0.8	△3.2	19.1	10.2	8.9	4.1	3.6	0.6	4.7	1.72	静　岡
8.8	1.56	8.9	1.8	0.9	△0.1	18.1	9.4	8.7	3.7	3.0	0.7	5.6	1.70	愛　知
7.4	1.51	11.2	1.7	0.9	△3.7	20.2	10.6	9.6	5.7	5.0	0.6	4.6	1.65	三　重
8.7	1.56	9.0	1.7	0.8	△0.3	17.3	8.2	9.1	2.4	1.7	0.7	4.9	1.58	滋　賀
7.6	1.34	10.1	2.1	1.1	△2.5	20.3	9.6	10.7	3.6	2.7	0.9	4.7	1.65	京　都
7.9	1.37	9.7	1.6	0.7	△1.8	21.1	9.5	11.5	3.5	3.0	0.5	5.3	1.99	大　阪
8.0	1.49	10.2	1.5	0.4	△2.2	19.4	9.4	10.0	2.8	2.4	0.4	4.7	1.71	兵　庫
7.0	1.36	10.4	3.2	1.3	△3.4	19.8	9.3	10.5	3.7	2.6	1.1	4.2	1.62	奈　良
7.0	1.50	13.3	1.8	0.5	△6.3	22.8	9.4	13.4	3.0	2.7	0.3	4.3	1.87	和 歌 山
7.8	1.60	13.0	2.9	1.8	△5.2	21.6	10.1	11.5	5.2	3.8	1.4	4.3	1.66	鳥　取
7.7	1.75	14.0	2.1	0.8	△6.2	25.0	14.3	10.7	3.2	2.8	0.4	4.0	1.39	島　根
8.2	1.56	11.4	1.9	0.7	△3.2	20.6	9.3	11.3	3.9	3.2	0.7	4.7	1.71	岡　山
8.1	1.57	10.7	1.9	0.8	△2.6	21.6	10.7	10.8	3.7	3.2	0.5	4.9	1.68	広　島
7.1	1.58	13.3	2.4	0.6	△6.2	19.4	10.3	9.2	4.4	3.9	0.4	4.3	1.56	山　口
7.2	1.51	13.2	3.0	1.1	△6.0	17.3	7.5	9.7	3.4	2.4	0.9	4.3	1.59	徳　島
7.8	1.64	12.4	1.1	0.5	△4.6	18.8	9.7	9.1	2.5	2.1	0.4	4.8	1.67	香　川
7.3	1.54	13.0	1.6	0.2	△5.7	24.1	10.0	14.1	3.1	3.0	0.1	4.3	1.64	愛　媛
6.7	1.47	14.4	1.9	0.4	△7.7	21.7	9.6	12.1	2.9	2.5	0.4	4.1	1.71	高　知
8.7	1.50	10.1	2.0	0.7	△1.4	22.6	10.0	12.6	3.4	2.8	0.6	5.3	1.93	福　岡
8.3	1.63	11.8	1.9	0.6	△3.5	19.4	7.3	12.1	2.5	2.1	0.4	4.5	1.67	佐　賀
8.0	1.71	12.6	1.7	1.1	△4.6	22.2	11.0	11.1	4.2	3.6	0.6	4.4	1.60	長　崎
8.4	1.66	12.1	1.9	1.1	△3.7	25.9	11.5	14.4	3.2	2.5	0.7	4.5	1.65	熊　本
7.9	1.65	12.4	2.4	1.2	△4.5	23.8	9.3	14.5	3.5	2.4	1.1	4.5	1.74	大　分
8.2	1.71	12.5	2.8	1.2	△4.4	26.2	10.8	15.4	3.5	2.6	0.9	4.7	2.02	宮　崎
8.4	1.68	13.3	2.3	0.7	△4.9	23.3	10.6	12.7	3.1	2.6	0.5	4.6	1.77	鹿 児 島
11.6	1.95	8.2	1.9	0.8	3.4	25.5	12.5	13.0	3.8	3.1	0.7	5.9	2.59	沖　縄

第 3 表 主な死因[1]の死亡数・死亡率

都道府県	全 死 因		01200 結 核		02100 悪性新生物		09200 心 疾 患 （高血圧性を除く）		09300 脳血管疾患		09400 大動脈瘤及び解離	
	死亡数	死亡率	死亡数	死亡率	死亡数	死亡率	死亡数	死亡率	死亡数	死亡率	死亡数	死亡率
全　　国[2]	1 307 748	1 046.0	1 892	1.5	372 986	298.3	198 006	158.4	109 320	87.4	18 145	14.5
北　海　道	61 906	1 162.1	51	1.0	19 179	360.0	9 265	173.9	4 934	92.6	866	16.3
青　　森	17 309	1 341.8	28	2.2	5 034	390.2	2 568	199.1	1 610	124.8	258	20.0
岩　　手	16 959	1 342.8	18	1.4	4 521	358.0	2 957	234.1	1 909	151.1	198	15.7
宮　　城	23 426	1 012.4	26	1.1	6 663	287.9	3 662	158.3	2 312	99.9	361	15.6
秋　　田	15 244	1 513.8	7	0.7	4 242	421.3	2 098	208.3	1 627	161.6	159	15.8
山　　形	15 181	1 371.4	14	1.3	4 100	370.4	2 325	210.0	1 536	138.8	215	19.4
福　　島	24 166	1 277.9	18	1.0	6 415	339.2	3 944	208.6	2 380	125.9	341	18.0
茨　　城	31 414	1 098.0	33	1.2	8 795	307.4	4 812	168.2	3 028	105.8	411	14.4
栃　　木	21 436	1 105.5	29	1.5	5 849	301.7	3 441	177.5	2 209	113.9	301	15.5
群　　馬	22 125	1 148.8	24	1.2	5 831	302.8	3 617	187.8	2 086	108.3	330	17.1
埼　　玉	63 466	885.3	85	1.2	19 148	267.1	10 026	139.9	5 159	72.0	840	11.7
千　　葉	56 396	919.0	80	1.3	16 798	273.7	9 646	157.2	4 584	74.7	831	13.5
東　　京	113 415	858.7	212	1.6	34 017	257.6	16 992	128.7	8 740	66.2	1 869	14.2
神　奈　川	77 361	860.9	98	1.1	23 395	260.3	11 284	125.6	6 094	67.8	1 157	12.9
新　　潟	28 822	1 268.0	24	1.1	7 876	346.5	4 155	182.8	2 875	126.5	341	15.0
富　　山	12 864	1 226.3	17	1.6	3 482	331.9	1 812	172.7	1 194	113.8	194	18.5
石　　川	12 422	1 089.6	14	1.2	3 517	308.5	1 891	165.9	1 139	99.9	164	14.4
福　　井	9 228	1 195.3	14	1.8	2 439	315.9	1 376	178.2	814	105.4	126	16.3
山　　梨	9 565	1 169.3	9	1.1	2 467	301.6	1 325	162.0	889	108.7	144	17.6
長　　野	25 110	1 218.9	24	1.2	6 351	308.3	3 747	181.9	2 595	126.0	393	19.1
岐　　阜	22 471	1 132.0	40	2.0	6 049	304.7	3 477	175.2	1 892	95.3	320	16.1
静　　岡	39 294	1 084.6	54	1.5	10 721	295.9	5 420	149.6	3 619	99.9	603	16.6
愛　　知	65 227	890.6	128	1.7	19 087	260.6	8 288	113.2	4 853	66.3	969	13.2
三　　重	19 830	1 117.2	22	1.2	5 219	294.0	2 926	164.8	1 652	93.1	311	17.5
滋　　賀	12 507	898.5	13	0.9	3 641	261.6	2 015	144.8	908	65.2	169	12.1
京　　都	25 830	1 009.4	48	1.9	7 677	300.0	4 382	171.2	2 040	79.7	332	13.0
大　　阪	84 390	973.1	237	2.7	25 946	299.2	13 260	152.9	5 566	64.2	844	9.7
兵　　庫	55 422	1 019.2	90	1.7	16 461	302.7	8 326	153.1	4 351	80.0	705	13.0
奈　　良	14 054	1 043.4	16	1.2	4 159	308.8	2 522	187.2	1 019	75.6	162	12.0
和　歌　山	12 619	1 329.7	16	1.7	3 329	350.8	2 107	222.0	925	97.5	151	15.9
鳥　　取	7 357	1 299.8	10	1.8	2 035	359.5	1 102	194.7	685	121.0	113	20.0
島　　根	9 562	1 398.0	12	1.8	2 572	376.0	1 357	198.4	881	128.8	124	18.1
岡　　山	21 532	1 135.7	29	1.5	5 572	293.9	3 409	179.8	1 818	95.9	253	13.3
広　　島	29 994	1 071.6	28	1.0	8 330	297.6	4 779	170.7	2 350	84.0	391	14.0
山　　口	18 366	1 329.9	32	2.3	4 902	355.0	3 038	220.0	1 596	115.6	269	19.5
徳　　島	9 855	1 321.0	13	1.7	2 478	332.2	1 393	186.7	781	104.7	115	15.4
香　　川	11 908	1 235.3	11	1.1	3 022	313.5	1 993	206.7	970	100.6	127	13.2
愛　　媛	17 734	1 298.2	21	1.5	4 538	332.2	3 183	233.0	1 465	107.2	177	13.0
高　　知	10 305	1 435.2	20	2.8	2 607	363.1	1 757	244.7	872	121.4	129	18.0
福　　岡	51 006	1 009.2	66	1.3	15 531	307.3	5 788	114.5	3 830	75.8	779	15.4
佐　　賀	9 725	1 180.2	22	2.7	2 755	334.3	1 326	160.9	825	100.1	134	16.3
長　　崎	17 071	1 257.1	15	1.1	4 759	350.4	2 570	189.2	1 350	99.4	256	18.9
熊　　本	21 379	1 211.3	36	2.0	5 539	313.8	3 322	188.2	1 751	99.2	338	19.2
大　　分	14 264	1 240.3	16	1.4	3 596	312.7	2 092	181.9	1 222	106.3	200	17.4
宮　　崎	13 702	1 254.8	15	1.4	3 643	333.6	2 232	204.4	1 269	116.2	154	14.1
鹿　児　島	21 610	1 325.8	33	2.0	5 451	334.4	3 180	195.1	2 091	128.3	357	21.9
沖　　縄	11 706	820.3	14	1.0	3 074	215.4	1 670	117.0	932	65.3	151	10.6

注：1）主な死因名等は死因簡単分類による。
　　2）全国には住所地外国、不詳を含む。

（人口 10 万対），都道府県別

平成 28 年

10200 肺　　炎		10400 慢性閉塞性肺疾患		11300 肝　疾　患		14200 腎　不　全		18100 老　　衰		20100 不慮の事故		20200 自　　殺	
死亡数	死亡率	死亡数	死亡率	死亡数	死亡率	死亡数	死亡率	死亡数	死亡率	死亡数	死亡率	死亡数	死亡率
119 300	95.4	15 686	12.5	15 773	12.6	24 612	19.7	92 806	74.2	38 306	30.6	21 017	16.8
5 832	109.5	691	13.0	677	12.7	1 586	29.8	3 394	63.7	1 655	31.1	930	17.5
1 759	136.4	169	13.1	206	16.0	416	32.2	1 122	87.0	539	41.8	271	21.0
1 398	110.7	204	16.2	166	13.1	287	22.7	1 221	96.7	552	43.7	289	22.9
1 686	72.9	252	10.9	245	10.6	402	17.4	2 024	87.5	645	27.9	417	18.0
1 288	127.9	130	12.9	145	14.4	279	27.7	1 074	106.7	549	54.5	240	23.8
1 288	116.4	171	15.4	129	11.7	302	27.3	1 441	130.2	423	38.2	220	19.9
2 065	109.2	330	17.5	258	13.6	384	20.3	1 890	99.9	790	41.8	348	18.4
3 245	113.4	390	13.6	356	12.4	573	20.0	2 233	78.0	870	30.4	488	17.1
1 872	96.5	242	12.5	232	12.0	415	21.4	1 651	85.1	518	26.7	366	18.9
2 188	113.6	301	15.6	265	13.8	373	19.4	1 429	74.2	673	34.9	390	20.2
6 543	91.3	686	9.6	784	10.9	1 132	15.8	3 510	49.0	1 455	20.3	1 194	16.7
5 443	88.7	566	9.2	633	10.3	905	14.7	3 950	64.4	1 393	22.7	1 026	16.7
9 981	75.6	1 317	10.0	1 698	12.9	1 817	13.8	7 811	59.1	2 507	19.0	2 045	15.5
6 224	69.3	909	10.1	1 168	13.0	1 130	12.6	6 332	70.5	2 578	28.7	1 309	14.6
2 278	100.2	289	12.7	241	10.6	479	21.1	2 639	116.1	981	43.2	496	21.8
1 308	124.7	133	12.7	119	11.3	210	20.0	900	85.8	511	48.7	186	17.7
1 112	97.5	150	13.2	121	10.6	204	17.9	890	78.1	449	39.4	177	15.5
907	117.5	121	15.7	90	11.7	179	23.2	706	91.5	380	49.2	131	17.0
801	97.9	133	16.3	127	15.5	189	23.1	897	109.7	313	38.3	139	17.0
1 797	87.2	291	14.1	254	12.3	421	20.4	2 366	114.9	894	43.4	339	16.5
1 938	97.6	251	12.6	238	12.0	429	21.6	1 911	96.3	797	40.2	347	17.5
2 937	81.1	461	12.7	431	11.9	775	21.4	4 057	112.0	1 123	31.0	602	16.6
5 321	72.7	698	9.5	745	10.2	1 088	14.9	5 254	71.7	1 936	26.4	1 055	14.4
1 800	101.4	271	15.3	176	9.9	424	23.9	1 838	103.5	670	37.7	265	14.9
1 032	74.1	165	11.9	142	10.2	256	18.4	801	57.5	424	30.5	224	16.1
2 129	83.2	334	13.1	267	10.4	486	19.0	1 772	69.2	535	20.9	364	14.2
8 781	101.3	1 148	13.2	1 373	15.8	1 668	19.2	3 846	44.3	2 243	25.9	1 544	17.8
4 692	86.3	762	14.0	726	13.4	1 131	20.8	3 697	68.0	1 715	31.5	892	16.4
1 359	100.9	177	13.1	174	12.9	255	18.9	888	65.9	344	25.5	183	13.6
1 202	126.7	195	20.5	137	14.4	279	29.4	1 080	113.8	340	35.8	206	21.7
573	101.2	85	15.0	77	13.6	163	28.8	676	119.4	201	35.5	82	14.5
676	98.8	123	18.0	92	13.5	171	25.0	910	133.0	287	42.0	130	19.0
2 292	120.9	266	14.0	226	11.9	417	22.0	1 599	84.3	694	36.6	298	15.7
2 765	98.8	358	12.8	338	12.1	626	22.4	2 282	81.5	890	31.8	431	15.4
2 092	151.5	215	15.6	188	13.6	418	30.3	1 198	86.7	495	35.8	218	15.8
1 058	141.8	134	18.0	122	16.4	242	32.4	730	97.9	337	45.2	134	18.0
815	84.5	165	17.1	128	13.3	233	24.2	1 043	108.2	406	42.1	156	16.2
1 625	119.0	208	15.2	204	14.9	360	26.4	1 490	109.1	601	44.0	250	18.3
1 175	163.6	117	16.3	116	16.2	251	35.0	590	82.2	368	51.3	132	18.4
5 133	101.6	612	12.1	619	12.2	941	18.6	2 468	48.8	1 701	33.7	825	16.3
1 022	124.0	140	17.0	112	13.6	169	20.5	546	66.3	289	35.1	127	15.4
1 669	122.9	171	12.6	182	13.4	350	25.8	998	73.5	544	40.1	203	14.9
1 929	109.3	255	14.4	202	11.4	465	26.3	1 609	91.2	684	38.8	321	18.2
1 466	127.5	195	17.0	169	14.7	341	29.7	925	80.4	508	44.2	194	16.9
1 456	133.3	163	14.9	159	14.6	284	26.0	900	82.4	429	39.3	205	18.8
2 396	147.0	326	20.0	234	14.4	496	30.4	1 461	89.6	716	43.9	263	16.1
872	61.1	204	14.3	262	18.4	199	13.9	746	52.3	285	20.0	269	18.9

49

第 4 表 主な死因[1]の死亡数・死亡率

年齢階級	全死因 死亡数	全死因 死亡率	01200 結核 死亡数	01200 結核 死亡率	02100 悪性新生物 死亡数	02100 悪性新生物 死亡率	09200 心疾患(高血圧性を除く) 死亡数	09200 心疾患(高血圧性を除く) 死亡率	09300 脳血管疾患 死亡数	09300 脳血管疾患 死亡率	09400 大動脈瘤及び解離 死亡数	09400 大動脈瘤及び解離 死亡率
総数[2]	1 307 748	1 046.0	1 892	1.5	372 986	298.3	198 006	158.4	109 320	87.4	18 145	14.5
0～4歳	2 618	53.5	1	0.0	76	1.6	81	1.7	9	0.2	-	-
5～9	391	7.5	-	-	84	1.6	16	0.3	7	0.1	-	-
10～14	440	8.0	-	-	95	1.7	19	0.3	13	0.2	1	0.0
15～19	1 166	19.6	-	-	120	2.0	45	0.8	17	0.3	1	0.0
20～24	2 083	35.3	-	-	159	2.7	108	1.8	26	0.4	7	0.1
25～29	2 479	40.4	1	0.0	315	5.1	156	2.5	47	0.8	3	0.0
30～34	3 354	47.7	2	0.0	641	9.1	248	3.5	118	1.7	12	0.2
35～39	5 193	65.5	4	0.1	1 326	16.7	495	6.2	307	3.9	48	0.6
40～44	9 263	97.0	3	0.0	2 675	28.0	1 095	11.5	826	8.6	115	1.2
45～49	13 923	152.5	8	0.1	4 753	52.1	1 819	19.9	1 203	13.2	181	2.0
50～54	19 480	250.3	14	0.2	7 696	98.9	2 476	31.8	1 628	20.9	280	3.6
55～59	28 331	379.7	12	0.2	12 605	168.9	3 488	46.7	2 148	28.8	461	6.2
60～64	48 223	595.7	30	0.4	23 343	288.4	5 824	71.9	3 324	41.1	690	8.5
65～69	93 505	914.6	85	0.8	46 004	450.0	11 292	110.5	6 273	61.4	1 525	14.9
70～74	107 826	1 462.5	89	1.2	48 833	662.4	13 353	181.1	7 667	104.0	1 715	23.3
75～79	153 008	2 354.0	185	2.8	58 317	897.2	20 436	314.4	12 451	191.6	2 353	36.2
80～84	223 763	4 332.0	359	7.0	67 401	1 304.9	33 028	639.4	20 087	388.9	3 512	68.0
85～89	260 536	7 974.5	534	16.3	57 874	1 771.4	43 241	1 323.5	23 746	726.8	3 891	119.1
90～94	209 379	14 195.2	413	28.0	30 746	2 084.5	38 374	2 601.6	19 285	1 307.5	2 510	170.2
95～99	95 935	25 113.9	138	36.1	8 605	2 252.6	17 898	4 685.3	8 257	2 161.5	740	193.7
100～	26 427	40 656.9	12	18.5	1 301	2 001.5	4 475	6 884.6	1 860	2 861.5	95	146.2
男	674 733	1 108.5	1 133	1.9	219 785	361.1	93 419	153.5	52 706	86.6	9 268	15.2
0～4歳	1 351	53.9	1	0.0	43	1.7	47	1.9	4	0.2	-	-
5～9	229	8.5	-	-	50	1.9	10	0.4	3	0.1	-	-
10～14	254	9.1	-	-	48	1.7	11	0.4	9	0.3	1	0.0
15～19	816	26.7	-	-	78	2.6	33	1.1	10	0.3	-	-
20～24	1 471	48.6	-	-	95	3.1	76	2.5	14	0.5	5	0.2
25～29	1 713	54.8	1	0.0	155	5.0	106	3.4	34	1.1	2	0.1
30～34	2 226	62.2	2	0.1	261	7.3	203	5.7	81	2.3	11	0.3
35～39	3 282	81.4	2	0.0	535	13.3	378	9.4	213	5.3	43	1.1
40～44	5 835	120.2	-	-	1 115	23.0	830	17.1	548	11.3	105	2.2
45～49	8 888	192.1	8	0.2	2 141	46.3	1 453	31.4	828	17.9	159	3.4
50～54	12 526	319.6	12	0.3	3 791	96.7	2 005	51.2	1 122	28.6	229	5.8
55～59	19 068	512.0	12	0.3	7 268	195.2	2 858	76.7	1 474	39.6	374	10.0
60～64	33 464	838.6	24	0.6	14 842	372.0	4 640	116.3	2 360	59.1	503	12.6
65～69	65 077	1 315.6	73	1.5	30 772	622.1	8 507	172.0	4 410	89.2	1 027	20.8
70～74	72 534	2 111.2	69	2.0	32 933	958.6	9 077	264.2	5 127	149.2	1 009	29.4
75～79	97 102	3 354.6	127	4.4	37 864	1 308.1	12 312	425.3	7 780	268.8	1 341	46.3
80～84	127 978	6 124.0	214	10.2	40 840	1 954.3	17 196	822.9	10 980	525.4	1 748	83.6
85～89	124 528	11 144.9	314	28.1	31 187	2 791.2	18 135	1 623.0	10 326	924.2	1 675	149.9
90～94	70 767	18 771.1	211	56.0	12 810	3 397.9	11 280	2 992.0	5 640	1 496.0	866	229.7
95～99	21 273	31 750.7	58	86.6	2 640	3 940.3	3 542	5 286.6	1 500	2 238.8	157	234.3
100～	4 015	44 611.1	4	44.4	302	3 355.6	688	7 644.4	229	2 544.4	11	122.2
女	633 015	986.7	759	1.2	153 201	238.8	104 587	163.0	56 614	88.2	8 877	13.8
0～4歳	1 267	53.0	-	-	33	1.4	34	1.4	5	0.2	-	-
5～9	162	6.3	-	-	34	1.3	6	0.2	4	0.2	-	-
10～14	186	7.0	-	-	47	1.8	8	0.3	4	0.1	-	-
15～19	350	12.1	-	-	42	1.5	12	0.4	7	0.2	1	0.0
20～24	612	21.3	-	-	64	2.2	32	1.1	12	0.4	2	0.1
25～29	766	25.5	-	-	160	5.3	50	1.7	13	0.4	1	0.0
30～34	1 128	32.6	-	-	380	11.0	45	1.3	37	1.1	1	0.0
35～39	1 911	49.1	2	0.1	791	20.3	117	3.0	94	2.4	5	0.1
40～44	3 428	73.0	3	0.1	1 560	33.2	265	5.6	278	5.9	10	0.2
45～49	5 035	111.8	-	-	2 612	58.0	366	8.1	375	8.3	22	0.5
50～54	6 954	180.0	2	0.1	3 905	101.1	471	12.2	506	13.1	51	1.3
55～59	9 263	247.8	-	-	5 337	142.8	630	16.9	674	18.0	87	2.3
60～64	14 759	359.6	6	0.1	8 501	207.1	1 184	28.8	964	23.5	187	4.6
65～69	28 428	538.8	12	0.2	15 232	288.7	2 785	52.8	1 863	35.3	498	9.4
70～74	35 292	896.4	20	0.5	15 900	403.9	4 276	108.6	2 540	64.5	706	17.9
75～79	55 906	1 550.6	58	1.6	20 453	567.3	8 124	225.3	4 671	129.6	1 012	28.1
80～84	95 785	3 114.3	145	4.7	26 561	863.6	15 832	514.8	9 107	296.1	1 764	57.4
85～89	136 008	6 326.7	220	10.2	26 687	1 241.4	25 106	1 167.9	13 420	624.3	2 216	103.1
90～94	138 612	12 624.0	202	18.4	17 936	1 633.5	27 094	2 467.6	13 645	1 242.7	1 644	149.7
95～99	74 662	23 627.2	80	25.3	5 965	1 887.7	14 356	4 543.0	6 757	2 138.3	583	184.5
100～	22 412	39 319.3	8	14.0	999	1 752.6	3 787	6 643.9	1 631	2 861.4	84	147.4

注：1）主な死因名等は死因簡単分類による。
　　2）総数には年齢不詳を含む。

（人口10万対），性・年齢階級別

平成28年

10200 肺炎 死亡数	死亡率	10400 慢性閉塞性肺疾患 死亡数	死亡率	11300 肝疾患 死亡数	死亡率	14200 腎不全 死亡数	死亡率	18100 老衰 死亡数	死亡率	20100 不慮の事故 死亡数	死亡率	20200 自殺 死亡数	死亡率
119 300	95.4	15 686	12.5	15 773	12.6	24 612	19.7	92 806	74.2	38 306	30.6	21 017	16.8
63	1.3	-	-	17	0.3	4	0.1	-	-	158	3.2	-	-
19	0.4	-	-	3	0.1	2	0.0	-	-	68	1.3	-	-
13	0.2	-	-	3	0.1	3	0.1	-	-	66	1.2	71	1.3
13	0.2	1	0.0	3	0.1	3	0.1	-	-	306	5.1	430	7.2
18	0.3	1	0.0	5	0.1	1	0.0	-	-	373	6.3	1 001	17.0
31	0.5	-	-	9	0.1	4	0.1	-	-	291	4.7	1 165	19.0
47	0.7	4	0.1	54	0.8	7	0.1	-	-	346	4.9	1 253	17.8
75	0.9	3	0.0	124	1.6	15	0.2	-	-	444	5.6	1 445	18.2
125	1.3	14	0.1	376	3.9	34	0.4	-	-	553	5.8	1 739	18.2
224	2.5	14	0.2	669	7.3	72	0.8	-	-	694	7.6	1 888	20.7
366	4.7	23	0.3	897	11.5	120	1.5	-	-	815	10.5	1 853	23.8
677	9.1	90	1.2	1 150	15.4	202	2.7	-	-	1 104	14.8	1 684	22.6
1 560	19.3	226	2.8	1 552	19.2	461	5.7	25	0.3	1 531	18.9	1 563	19.3
3 696	36.2	688	6.7	2 105	20.6	1 054	10.3	142	1.4	2 750	26.9	1 870	18.3
6 032	81.8	1 323	17.9	1 763	23.9	1 412	19.2	602	8.2	3 282	44.5	1 513	20.5
11 681	179.7	2 246	34.6	2 116	32.6	2 585	39.8	2 055	31.6	4 851	74.6	1 337	20.6
22 231	430.4	3 694	71.5	2 201	42.6	4 624	89.5	7 805	151.1	6 668	129.1	1 085	21.0
31 171	954.1	4 035	123.5	1 640	50.2	6 409	196.2	19 265	589.7	6 957	212.9	694	21.2
26 418	1 791.1	2 474	167.7	829	56.2	5 108	346.3	30 171	2 045.5	4 849	328.7	304	20.6
11 906	3 116.8	711	186.1	218	57.1	2 106	551.3	22 834	5 977.5	1 772	463.9	53	13.9
2 924	4 498.5	138	212.3	35	53.8	384	590.8	9 907	15 241.5	392	603.1	9	13.8
65 636	107.8	12 649	20.8	10 112	16.6	12 231	20.1	23 077	37.9	22 066	36.3	14 639	24.1
34	1.4	-	-	10	0.4	2	0.1	-	-	96	3.8	-	-
8	0.3	-	-	3	0.1	1	0.0	-	-	44	1.6	-	-
7	0.3	-	-	2	0.1	2	0.1	-	-	49	1.8	43	1.5
4	0.1	1	0.0	1	0.0	1	0.0	-	-	239	7.8	301	9.8
8	0.3	1	0.0	5	0.2	-	-	-	-	281	9.3	745	24.6
20	0.6	-	-	5	0.2	1	0.0	-	-	227	7.3	877	28.0
32	0.9	3	0.1	33	0.9	3	0.1	-	-	282	7.9	936	26.2
55	1.4	1	0.0	81	2.0	7	0.2	-	-	345	8.6	1 032	25.6
83	1.7	7	0.1	278	5.7	25	0.5	-	-	442	9.1	1 305	26.9
163	3.5	11	0.2	525	11.3	56	1.2	-	-	527	11.4	1 400	30.3
262	6.7	14	0.4	708	18.1	86	2.2	-	-	615	15.7	1 353	34.5
497	13.3	74	2.0	933	25.1	135	3.6	-	-	846	22.7	1 219	32.7
1 208	30.3	195	4.9	1 246	31.2	339	8.5	15	0.4	1 156	29.0	1 107	27.7
2 853	57.7	598	12.1	1 631	33.0	764	15.4	92	1.9	1 940	39.2	1 235	25.0
4 475	130.3	1 155	33.6	1 215	35.4	948	27.6	357	10.4	2 126	61.9	942	27.4
8 270	285.7	1 941	67.1	1 299	44.9	1 608	55.6	1 037	35.8	3 017	104.2	850	29.4
14 465	692.2	3 114	149.0	1 114	53.3	2 672	127.9	3 293	157.6	3 827	183.1	657	31.4
17 612	1 576.2	3 267	292.4	694	62.1	3 090	276.5	6 440	576.4	3 492	312.5	387	34.6
11 281	2 992.3	1 807	479.3	276	73.2	1 850	490.7	6 999	1 856.5	1 927	511.1	163	43.2
3 655	5 455.2	404	603.0	45	67.2	551	822.4	3 671	5 479.1	488	728.4	26	38.8
634	7 044.4	56	622.2	6	66.7	89	988.9	1 173	13 033.3	77	855.6	5	55.6
53 664	83.6	3 037	4.7	5 661	8.8	12 381	19.3	69 729	108.7	16 240	25.3	6 378	9.9
29	1.2	-	-	7	0.3	2	0.1	-	-	62	2.6	-	-
11	0.4	-	-	-	-	1	0.0	-	-	24	0.9	-	-
6	0.2	-	-	1	0.0	1	0.0	-	-	17	0.6	28	1.0
9	0.3	-	-	2	0.1	2	0.1	-	-	67	2.3	129	4.5
10	0.3	-	-	-	-	1	0.0	-	-	92	3.2	256	8.9
11	0.4	-	-	4	0.1	3	0.1	-	-	64	2.1	288	9.6
15	0.4	1	0.0	21	0.6	4	0.1	-	-	64	1.9	317	9.2
20	0.5	2	0.1	43	1.1	8	0.2	-	-	99	2.5	413	10.6
42	0.9	7	0.1	98	2.1	9	0.2	-	-	111	2.4	434	9.2
61	1.4	3	0.1	144	3.2	16	0.4	-	-	167	3.7	488	10.8
104	2.7	9	0.2	189	4.9	34	0.9	-	-	200	5.2	500	12.9
180	4.8	16	0.4	217	5.8	67	1.8	-	-	258	6.9	465	12.4
352	8.6	31	0.8	306	7.5	122	3.0	10	0.2	375	9.1	456	11.1
843	16.0	90	1.7	474	9.0	290	5.5	50	0.9	810	15.4	635	12.0
1 557	39.5	168	4.3	548	13.9	464	11.8	245	6.2	1 156	29.4	571	14.5
3 411	94.6	305	8.5	817	22.7	977	27.1	1 018	28.2	1 834	50.9	487	13.5
7 766	252.5	580	18.9	1 087	35.3	1 952	63.5	4 512	146.7	2 841	92.4	428	13.9
13 559	630.7	768	35.7	946	44.0	3 319	154.4	12 825	596.6	3 465	161.2	307	14.3
15 137	1 378.6	667	60.7	553	50.4	3 258	296.7	23 172	2 110.4	2 922	266.1	141	12.8
8 251	2 611.1	307	97.2	173	54.7	1 555	492.1	19 163	6 064.2	1 284	406.3	27	8.5
2 290	4 017.5	82	143.9	29	50.9	295	517.5	8 734	15 322.8	315	552.6	4	7.0

第 5 表　性・年齢階級別に

割合(%)　　　　　　　　　　　　　　　　　　　　総　数　　　　　　　　　　　　　　　　　平成 28 年

年齢階級	第 1 位 死因	割合[2]	第 2 位 死因	割合	第 3 位 死因	割合	第 4 位 死因	割合	第 5 位 死因	割合
総数	悪性新生物	28.5	心疾患	15.1	肺炎	9.1	脳血管疾患	8.4	老衰	7.1
0 歳	先天奇形，変形及び染色体異常	34.4	周産期に特異的な呼吸障害等	14.6	乳幼児突然死症候群	5.7	不慮の事故	3.8	胎児及び新生児の出血性障害等	3.5
1〜4	先天奇形，変形及び染色体異常	21.7	不慮の事故	12.3	悪性新生物	8.6	心疾患	5.8	肺炎	5.1
5〜9	悪性新生物	21.5	不慮の事故	17.4	先天奇形，変形及び染色体異常	8.2	肺炎	4.9	心疾患	4.1
10〜14	悪性新生物	21.6	自殺	16.1	不慮の事故	15.0	先天奇形，変形及び染色体異常	6.1	心疾患	4.3
15〜19	自殺	36.9	不慮の事故	26.2	悪性新生物	10.3	心疾患	3.9	先天奇形，変形及び染色体異常	2.2
20〜24	自殺	48.1	不慮の事故	17.9	悪性新生物	7.6	心疾患	5.2	先天奇形，変形及び染色体異常	1.7
25〜29	自殺	47.0	悪性新生物	12.7	不慮の事故	11.7	心疾患	6.3	脳血管疾患	1.9
30〜34	自殺	37.4	悪性新生物	19.1	不慮の事故	10.3	心疾患	7.4	脳血管疾患	3.5
35〜39	自殺	27.8	悪性新生物	25.5	心疾患	9.5	不慮の事故	8.5	脳血管疾患	5.9
40〜44	悪性新生物	28.9	自殺	18.8	心疾患	11.8	脳血管疾患	8.9	不慮の事故	6.0
45〜49	悪性新生物	34.1	自殺	13.6	心疾患	13.1	脳血管疾患	8.6	不慮の事故	5.0
50〜54	悪性新生物	39.5	心疾患	12.7	自殺	9.5	脳血管疾患	8.4	肝疾患	4.6
55〜59	悪性新生物	44.5	心疾患	12.3	脳血管疾患	7.6	自殺	5.9	肝疾患	4.1
60〜64	悪性新生物	48.4	心疾患	12.1	脳血管疾患	6.9	自殺	3.2	肺炎	3.2
65〜69	悪性新生物	49.2	心疾患	12.1	脳血管疾患	6.7	肺炎	4.0	不慮の事故	2.9
70〜74	悪性新生物	45.3	心疾患	12.4	脳血管疾患	7.1	肺炎	5.6	不慮の事故	3.0
75〜79	悪性新生物	38.1	心疾患	13.4	脳血管疾患	8.1	肺炎	7.6	不慮の事故	3.2
80〜84	悪性新生物	30.1	心疾患	14.8	肺炎	9.9	脳血管疾患	9.0	老衰	3.5
85〜89	悪性新生物	22.2	心疾患	16.6	肺炎	12.0	脳血管疾患	9.1	老衰	7.4
90〜94	心疾患	18.3	悪性新生物	14.7	老衰	14.4	肺炎	12.6	脳血管疾患	9.2
95〜99	老衰	23.8	心疾患	18.7	肺炎	12.4	悪性新生物	9.0	脳血管疾患	8.6
100〜	老衰	37.5	心疾患	16.9	肺炎	11.1	脳血管疾患	7.0	悪性新生物	4.9
(再掲)										
65〜	悪性新生物	27.3	心疾患	15.6	肺炎	9.9	脳血管疾患	8.5	老衰	7.9
80〜	悪性新生物	20.3	心疾患	16.8	肺炎	11.6	老衰	11.0	脳血管疾患	9.0

注：1) ［1］乳児（0歳）の死因については乳児死因順位に用いる分類項目による。
　　　　［2］死因名は次のように省略した。
　　　　　　心疾患←心疾患（高血圧性を除く）
　　　　　　周産期に特異的な呼吸障害等←周産期に特異的な呼吸障害及び心血管障害
　　　　　　胎児及び新生児の出血性障害等←胎児及び新生児の出血性障害及び血液障害
　　　　［3］死因順位は死亡数の多いものから定めた。死亡数が同数の場合は、同一順位に死因名を列記し、次位を空欄とした。
　　2) 割合（%）はそれぞれの年齢階級別死亡数を100としたものである。

み　た　死　因　順　位[1]

割合(%)　　　　　　　　　　　　　　　　　　男　　　　　　　　　　　　　　　　　　平成 28 年

年齢階級	第 1 位 死因	割合[2]	第 2 位 死因	割合	第 3 位 死因	割合	第 4 位 死因	割合	第 5 位 死因	割合
総数	悪性新生物	32.6	心疾患	13.8	肺炎	9.7	脳血管疾患	7.8	老衰	3.4
0 歳	先天奇形, 変形及び染色体異常	33.0	周産期に特異的な呼吸障害等	14.8	乳幼児突然死症候群	5.5	不慮の事故	4.3	周産期に特異的な感染症胎児及び新生児の出血性障害等	2.9
1～4	先天奇形, 変形及び染色体異常	19.4	不慮の事故	14.6	悪性新生物	9.2	心疾患	7.0	肺炎	5.1
5～9	悪性新生物	21.8	不慮の事故	19.2	先天奇形, 変形及び染色体異常	7.0	〔その他の新生物〕 心疾患	4.4		
10～14	不慮の事故	19.3	悪性新生物	18.9	自殺	16.9	心疾患	4.3	〔脳血管疾患〕 先天奇形, 変形及び染色体異常	3.5
15～19	自殺	36.9	不慮の事故	29.3	悪性新生物	9.6	心疾患	4.0	先天奇形, 変形及び染色体異常	2.0
20～24	自殺	50.6	不慮の事故	19.1	悪性新生物	6.5	心疾患	5.2	先天奇形, 変形及び染色体異常	1.4
25～29	自殺	51.2	不慮の事故	13.3	悪性新生物	9.0	心疾患	6.2	脳血管疾患	2.0
30～34	自殺	42.0	不慮の事故	12.7	悪性新生物	11.7	心疾患	9.1	脳血管疾患	3.6
35～39	自殺	31.4	悪性新生物	16.3	心疾患	11.5	不慮の事故	10.5	脳血管疾患	6.5
40～44	自殺	22.4	悪性新生物	19.1	心疾患	14.2	脳血管疾患	9.4	不慮の事故	7.6
45～49	悪性新生物	24.1	心疾患	16.3	自殺	15.8	脳血管疾患	9.3	不慮の事故	5.9
50～54	悪性新生物	30.3	心疾患	16.0	自殺	10.8	脳血管疾患	9.0	肝疾患	5.7
55～59	悪性新生物	38.1	心疾患	15.0	脳血管疾患	7.7	自殺	6.4	肝疾患	4.9
60～64	悪性新生物	44.4	心疾患	13.9	脳血管疾患	7.1	肝疾患	3.7	肺炎	3.6
65～69	悪性新生物	47.3	心疾患	13.1	脳血管疾患	6.8	肺炎	4.4	不慮の事故	3.0
70～74	悪性新生物	45.4	心疾患	12.5	脳血管疾患	7.1	肺炎	6.2	不慮の事故	2.9
75～79	悪性新生物	39.0	心疾患	12.7	肺炎	8.5	脳血管疾患	8.0	不慮の事故	3.1
80～84	悪性新生物	31.9	心疾患	13.4	肺炎	11.3	脳血管疾患	8.6	不慮の事故	3.0
85～89	悪性新生物	25.0	心疾患	14.6	肺炎	14.1	脳血管疾患	8.3	老衰	5.2
90～94	悪性新生物	18.1	肺炎	15.9	心疾患	15.9	老衰	9.9	脳血管疾患	8.0
95～99	老衰	17.3	肺炎	17.2	心疾患	16.7	悪性新生物	12.4	脳血管疾患	7.1
100～	老衰	29.2	心疾患	17.1	肺炎	15.8	悪性新生物	7.5	脳血管疾患	5.7
(再掲) 65～	悪性新生物	32.5	心疾患	13.8	肺炎	10.8	脳血管疾患	7.9	老衰	4.0
80～	悪性新生物	25.2	心疾患	14.6	肺炎	13.7	脳血管疾患	8.2	老衰	6.2

割合(%)　　　

年齢階級	第 1 位 死因	割合[2]	第 2 位 死因	割合	第 3 位 死因	割合	第 4 位 死因	割合	第 5 位 死因	割合

第 5 表　性・年齢階級別にみた死因順位[1]（つづき）

割合(%)　　　　　　　　　　　　　　　　　　　　　　　　　女　　　　　　　　　　　　　　　　　　　　　　　　平成 28 年

年齢階級	第 1 位 死因	割合[2]	第 2 位 死因	割合	第 3 位 死因	割合	第 4 位 死因	割合	第 5 位 死因	割合
総数	悪性新生物	24.2	心疾患	16.5	老衰	11.0	脳血管疾患	8.9	肺炎	8.5
0 歳	先天奇形，変形及び染色体異常	35.9	周産期に特異的な呼吸障害等	14.5	乳幼児突然死症候群	5.8	胎児及び新生児の出血性障害等	4.1	不慮の事故	3.3
1～4	先天奇形，変形及び染色体異常	24.5	不慮の事故	9.7	悪性新生物	7.8	肺炎	5.0	心疾患	4.4
5～9	悪性新生物	21.0	不慮の事故	14.8	先天奇形，変形及び染色体異常	9.9	肺炎	6.8	他殺	4.3
10～14	悪性新生物	25.3	自殺	15.1	先天奇形，変形及び染色体異常	9.7	不慮の事故	9.1	心疾患	4.3
15～19	自殺	36.9	不慮の事故	19.1	悪性新生物	12.0	心疾患	3.4	先天奇形，変形及び染色体異常	2.9
20～24	自殺	41.8	不慮の事故	15.0	悪性新生物	10.5	心疾患	5.2	先天奇形，変形及び染色体異常	2.5
25～29	自殺	37.6	悪性新生物	20.9	不慮の事故	8.4	心疾患	6.5	脳血管疾患	1.7
30～34	悪性新生物	33.7	自殺	28.1	不慮の事故	5.7	心疾患	4.0	脳血管疾患	3.3
35～39	悪性新生物	41.4	自殺	21.6	心疾患	6.1	不慮の事故	5.2	脳血管疾患	4.9
40～44	悪性新生物	45.5	自殺	12.7	脳血管疾患	8.1	心疾患	7.7	不慮の事故	3.2
45～49	悪性新生物	51.9	自殺	9.7	脳血管疾患	7.4	心疾患	7.3	不慮の事故	3.3
50～54	悪性新生物	56.2	脳血管疾患	7.3	自殺	7.2	心疾患	6.8	不慮の事故	2.9
55～59	悪性新生物	57.6	脳血管疾患	7.3	心疾患	6.8	自殺	5.0	不慮の事故	2.8
60～64	悪性新生物	57.6	心疾患	8.0	脳血管疾患	6.5	自殺	3.1	不慮の事故	2.5
65～69	悪性新生物	53.6	心疾患	9.8	脳血管疾患	6.6	肺炎	3.0	不慮の事故	2.8
70～74	悪性新生物	45.1	心疾患	12.1	脳血管疾患	7.2	肺炎	4.4	不慮の事故	3.3
75～79	悪性新生物	36.6	心疾患	14.5	脳血管疾患	8.4	肺炎	6.1	不慮の事故	3.3
80～84	悪性新生物	27.7	心疾患	16.5	脳血管疾患	9.5	肺炎	8.1	老衰	4.7
85～89	悪性新生物	19.6	心疾患	18.5	肺炎	10.0	脳血管疾患	9.9	老衰	9.4
90～94	心疾患	19.5	老衰	16.7	悪性新生物	12.9	肺炎	10.9	脳血管疾患	9.8
95～99	老衰	25.7	心疾患	19.2	肺炎	11.1	脳血管疾患	9.1	悪性新生物	8.0
100～	老衰	39.0	心疾患	16.9	肺炎	10.2	脳血管疾患	7.3	悪性新生物	4.5
(再掲)										
65～	悪性新生物	22.1	心疾患	17.3	老衰	11.9	脳血管疾患	9.1	肺炎	9.0
80～	心疾患	18.4	悪性新生物	16.7	老衰	14.6	肺炎	10.1	脳血管疾患	9.5

第 6 表　都道府県別にみた死因順位[1]

割合(%)　　　　　　　　　　　　　　　　　　　　　　　　　　　　　　　　　　　　平成28年

都道府県	第1位 死因	割合[3]	第2位 死因	割合	第3位 死因	割合	第4位 死因	割合	第5位 死因	割合
全　国[2]	悪性新生物	28.5	心疾患	15.1	肺炎	9.1	脳血管疾患	8.4	老衰	7.1
北海道	悪性新生物	31.0	心疾患	15.0	肺炎	9.4	脳血管疾患	8.0	老衰	5.5
青　森	悪性新生物	29.1	心疾患	14.8	肺炎	10.2	脳血管疾患	9.3	老衰	6.5
岩　手	悪性新生物	26.7	心疾患	17.4	脳血管疾患	11.3	肺炎	8.2	老衰	7.2
宮　城	悪性新生物	28.4	心疾患	15.6	脳血管疾患	9.9	老衰	8.6	肺炎	7.2
秋　田	悪性新生物	27.8	心疾患	13.8	脳血管疾患	10.7	肺炎	8.4	老衰	7.0
山　形	悪性新生物	27.0	心疾患	15.3	脳血管疾患	10.1	老衰	9.5	肺炎	8.5
福　島	悪性新生物	26.5	心疾患	16.3	脳血管疾患	9.8	肺炎	8.5	老衰	7.8
茨　城	悪性新生物	28.0	心疾患	15.3	肺炎	10.3	脳血管疾患	9.6	老衰	7.1
栃　木	悪性新生物	27.3	心疾患	16.1	脳血管疾患	10.3	肺炎	8.7	老衰	7.7
群　馬	悪性新生物	26.4	心疾患	16.3	肺炎	9.9	脳血管疾患	9.4	老衰	6.5
埼　玉	悪性新生物	30.2	心疾患	15.8	肺炎	10.3	脳血管疾患	8.1	老衰	5.5
千　葉	悪性新生物	29.8	心疾患	17.1	肺炎	9.7	脳血管疾患	8.1	老衰	7.0
東　京	悪性新生物	30.0	心疾患	15.0	肺炎	8.8	脳血管疾患	7.7	老衰	6.9
神奈川	悪性新生物	30.2	心疾患	14.6	老衰	8.2	肺炎	8.0	脳血管疾患	7.9
新　潟	悪性新生物	27.3	心疾患	14.4	脳血管疾患	10.0	老衰	9.2	肺炎	7.9
富　山	悪性新生物	27.1	心疾患	14.1	肺炎	10.2	脳血管疾患	9.3	老衰	7.0
石　川	悪性新生物	28.3	心疾患	15.2	脳血管疾患	9.2	肺炎	9.0	老衰	7.2
福　井	悪性新生物	26.4	心疾患	14.9	肺炎	9.8	脳血管疾患	8.8	老衰	7.7
山　梨	悪性新生物	25.8	心疾患	13.9	老衰	9.4	脳血管疾患	9.3	肺炎	8.4
長　野	悪性新生物	25.3	心疾患	14.9	脳血管疾患	10.3	老衰	9.4	肺炎	7.2
岐　阜	悪性新生物	26.9	心疾患	15.5	肺炎	8.6	老衰	8.5	脳血管疾患	8.4
静　岡	悪性新生物	27.3	心疾患	13.8	老衰	10.3	脳血管疾患	9.2	肺炎	7.5
愛　知	悪性新生物	29.3	心疾患	12.7	肺炎	8.2	老衰	8.1	脳血管疾患	7.4
三　重	悪性新生物	26.3	心疾患	14.8	老衰	9.3	肺炎	9.1	脳血管疾患	8.3
滋　賀	悪性新生物	29.1	心疾患	16.1	肺炎	8.3	脳血管疾患	7.3	老衰	6.4
京　都	悪性新生物	29.7	心疾患	17.0	肺炎	8.2	脳血管疾患	7.9	老衰	6.9
大　阪	悪性新生物	30.7	心疾患	15.7	肺炎	10.4	脳血管疾患	6.6	老衰	4.6
兵　庫	悪性新生物	29.7	心疾患	15.0	肺炎	8.5	脳血管疾患	7.9	老衰	6.7
奈　良	悪性新生物	29.6	心疾患	17.9	肺炎	9.7	脳血管疾患	7.3	老衰	6.3
和歌山	悪性新生物	26.4	心疾患	16.7	肺炎	9.5	老衰	8.6	脳血管疾患	7.3
鳥　取	悪性新生物	27.7	心疾患	15.0	脳血管疾患	9.3	老衰	9.2	肺炎	7.8
島　根	悪性新生物	26.9	心疾患	14.2	老衰	9.5	脳血管疾患	9.2	肺炎	7.1
岡　山	悪性新生物	25.9	心疾患	15.8	肺炎	10.6	脳血管疾患	8.4	老衰	7.4
広　島	悪性新生物	27.8	心疾患	15.9	肺炎	9.2	脳血管疾患	7.8	老衰	7.6
山　口	悪性新生物	26.7	心疾患	16.5	肺炎	11.4	脳血管疾患	8.7	老衰	6.5
徳　島	悪性新生物	25.1	心疾患	14.1	肺炎	10.7	脳血管疾患	7.9	老衰	7.4
香　川	悪性新生物	25.4	心疾患	16.7	老衰	8.8	脳血管疾患	8.1	肺炎	6.8
愛　媛	悪性新生物	25.6	心疾患	17.9	肺炎	9.2	老衰	8.4	脳血管疾患	8.3
高　知	悪性新生物	25.3	心疾患	17.0	肺炎	11.4	脳血管疾患	8.5	老衰	5.7
福　岡	悪性新生物	30.4	心疾患	11.3	肺炎	10.1	脳血管疾患	7.5	老衰	4.8
佐　賀	悪性新生物	28.3	心疾患	13.6	肺炎	10.5	脳血管疾患	8.5	老衰	5.6
長　崎	悪性新生物	27.9	心疾患	15.1	肺炎	9.8	脳血管疾患	7.9	老衰	5.8
熊　本	悪性新生物	25.9	心疾患	15.5	肺炎	9.0	脳血管疾患	8.2	老衰	7.5
大　分	悪性新生物	25.2	心疾患	14.7	肺炎	10.3	脳血管疾患	8.6	老衰	6.5
宮　崎	悪性新生物	26.6	心疾患	16.3	肺炎	10.6	脳血管疾患	9.3	老衰	6.6
鹿児島	悪性新生物	25.2	心疾患	14.7	肺炎	11.1	脳血管疾患	9.7	老衰	6.8
沖　縄	悪性新生物	26.3	心疾患	14.3	脳血管疾患	8.0	肺炎	7.4	老衰	6.4

注：1）死亡順位は死亡数の多いものから定めた。
　　2）全国には住所地外国、不詳を含む。
　　3）割合（%）はそれぞれの都道府県別死亡数を100としたものである。

付 録 諸率の算出に用いた人口

都道府県・男女別人口（日本人人口）

都道府県	総 数	男	女
全 国	125 020 252	60 866 773	64 153 479
北 海 道	5 327 000	2 511 000	2 816 000
青 森	1 290 000	606 000	683 000
岩 手	1 263 000	609 000	654 000
宮 城	2 314 000	1 131 000	1 182 000
秋 田	1 007 000	473 000	533 000
山 形	1 107 000	534 000	573 000
福 島	1 891 000	937 000	954 000
茨 城	2 861 000	1 427 000	1 435 000
栃 木	1 939 000	965 000	973 000
群 馬	1 926 000	950 000	975 000
埼 玉	7 169 000	3 581 000	3 587 000
千 葉	6 137 000	3 056 000	3 081 000
東 京	13 207 000	6 514 000	6 693 000
神 奈 川	8 986 000	4 489 000	4 497 000
新 潟	2 273 000	1 102 000	1 171 000
富 山	1 049 000	508 000	541 000
石 川	1 140 000	552 000	588 000
福 井	772 000	376 000	397 000
山 梨	818 000	401 000	417 000
長 野	2 060 000	1 005 000	1 055 000
岐 阜	1 985 000	963 000	1 022 000
静 岡	3 623 000	1 785 000	1 838 000
愛 知	7 324 000	3 667 000	3 657 000
三 重	1 775 000	864 000	911 000
滋 賀	1 392 000	686 000	706 000
京 都	2 559 000	1 224 000	1 335 000
大 阪	8 672 000	4 174 000	4 498 000
兵 庫	5 438 000	2 594 000	2 844 000
奈 良	1 347 000	635 000	712 000
和 歌 山	949 000	447 000	502 000
鳥 取	566 000	271 000	295 000
島 根	684 000	329 000	355 000
岡 山	1 896 000	911 000	985 000
広 島	2 799 000	1 356 000	1 443 000
山 口	1 381 000	655 000	727 000
徳 島	746 000	356 000	390 000
香 川	964 000	467 000	497 000
愛 媛	1 366 000	645 000	721 000
高 知	718 000	337 000	380 000
福 岡	5 054 000	2 387 000	2 667 000
佐 賀	824 000	389 000	435 000
長 崎	1 358 000	637 000	721 000
熊 本	1 765 000	832 000	933 000
大 分	1 150 000	545 000	606 000
宮 崎	1 092 000	514 000	578 000
鹿 児 島	1 630 000	766 000	864 000
沖 縄	1 427 000	701 000	726 000

資料：「人口推計（平成28年10月1日現在）」（総務省統計局）

年齢階級・男女別人口（日本人人口）

年齢階級	総 数	男	女
総 数	125 020 252	60 866 773	64 153 479
0 歳	976 978	501 880	475 098
1	946 868	483 380	463 488
2	959 840	491 477	468 363
3	997 521	509 586	487 935
4	1 003 606	513 203	490 403
0 ～ 4	4 894 308	2 504 389	2 389 919
5 ～ 9	5 248 101	2 689 161	2 558 940
10 ～ 14	5 466 331	2 798 896	2 667 435
15 ～ 19	5 951 383	3 058 390	2 892 993
20 ～ 24	5 897 936	3 026 264	2 871 672
25 ～ 29	6 128 801	3 126 981	3 001 820
30 ～ 34	7 034 994	3 578 557	3 456 437
35 ～ 39	7 929 129	4 033 393	3 895 736
40 ～ 44	9 550 570	4 854 270	4 696 300
45 ～ 49	9 127 760	4 625 678	4 502 082
50 ～ 54	7 782 611	3 919 357	3 863 254
55 ～ 59	7 461 698	3 724 301	3 737 397
60 ～ 64	8 095 072	3 990 242	4 104 830
65 ～ 69	10 223 211	4 946 701	5 276 510
70 ～ 74	7 372 572	3 435 607	3 936 965
75 ～ 79	6 500 029	2 894 568	3 605 461
80 ～ 84	5 165 400	2 089 763	3 075 637
85 ～ 89	3 267 096	1 117 351	2 149 745
90 ～ 94	1 475 000	377 000	1 098 000
95 ～ 99	382 000	67 000	316 000
100 ～	65 000	9 000	57 000

資料：「人口推計（平成28年10月1日現在）」（総務省統計局）

死因分類の変更とその影響

我が国の死因統計は、死亡診断書等に記載された情報をもとに、世界保健機関（WHO）が勧告する国際疾病、傷害及び死因統計分類（ICD）に沿って作成されている。

このICDは、医学・医療の進歩や疾病構造の変化等に対応するため、おおむね10年毎に修正されており、平成2年（1990年）に第10回改訂国際疾病、傷害及び死因統計分類（ICD－10）が勧告された。我が国では、ICD－10を平成7年（1995年）から適用し、併せて死亡診断書の様式の改正も行った。

その結果、平成7年以降の死因統計上に以下のような影響がみられる。

1 ICD－10の適用による影響

死亡診断書に、複数の病名や原因が記載されている場合には、その中の一つを原死因として選び、統計を作成する必要がある。ICDでは、その方法が選択ルールとして標準化されているが、その解釈・適用に当たっては、各国事情により、ある程度の弾力的運用が可能となるようになっていた。しかしながら、ICD－10では、国際比較を同一基準でより厳密に行うため、国際基準としての選択ルールの統一的な解釈がより明確化された。

このため、日本における死因統計も従来のものに比べ、以下の変化がみられた。
○ 肺炎の減少と脳血管疾患の増加
○ 糖尿病の増加
○ 肝硬変の減少と肝がんの増加
○ がんの転移部位リストの新設によるがんの部位別死亡数の変化

2 死亡診断書の様式の改正による影響

死亡診断書に「疾患の終末期の状態としての心不全、呼吸不全等は書かないでください」という注意書きを加えたことにより、心不全の記入が減少し、心疾患全体としても減少した。

その後、平成18年からICD－10の一部改正の累積であるICD－10（2003年版）準拠の適用に伴い、分類の追加、削除、変更及び原死因選択ルールの変更が行われている。

年齢調整死亡率について

死亡率は年齢によって異なるので、国際比較や年次推移の観察には、人口の年齢構成の差異を取り除いて観察するために、年齢調整死亡率を使用することが有用である。

年齢調整死亡率の基準人口については、平成元年までは昭和10年の性別総人口（都道府県は昭和35年総人口）を使用してきたが、現実の人口構成からかけ離れてきたため、平成2年からは昭和60年モデル人口（昭和60年国勢調査日本人人口をもとに、ベビーブーム等の極端な増減を補正し、1,000人単位で作成したもの）を使用している。なお、計算式（5頁）中の「観察集団の各年齢階級の死亡率」は、1,000倍（死因別の場合は100,000倍）されたものである。

基準人口—昭和60年モデル人口—

年齢	基準人口	年齢	基準人口
0～ 4歳	8 180 000	50～54	7 616 000
5～ 9	8 338 000	55～59	6 581 000
10～14	8 497 000	60～64	5 546 000
15～19	8 655 000	65～69	4 511 000
20～24	8 814 000	70～74	3 476 000
25～29	8 972 000	75～79	2 441 000
30～34	9 130 000	80～84	1 406 000
35～39	9 289 000	85歳以上	784 000
40～44	9 400 000		
45～49	8 651 000	総数	120 287 000

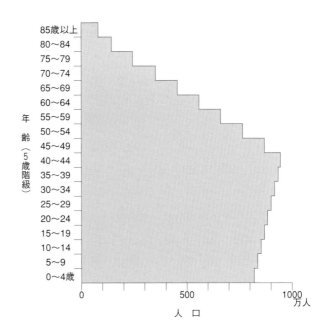

平成 30 年 3 月 29 日　発行　　　　　　定価は表紙に表示してあります

平成 30 年　我が国の人口動態

――平成 28 年までの動向――

編　　集　　厚生労働省政策統括官（統計・情報政策担当）

発　　行　　一般財団法人　厚生労働統計協会
　　　　　　郵便番号　103-0001
　　　　　　東京都中央区日本橋小伝馬町 4 － 9
　　　　　　小伝馬町新日本橋ビルディング 3 F
　　　　　　電　話　03 － 5623 － 4123（代表）

印　　刷　　統 計 印 刷 工 業 株 式 会 社